被忽略的投资秘籍

伯克希尔股东大会的启示

villike◎著

中国经济出版社
CHINA ECONOMIC PUBLISHING HOUSE
北京

图书在版编目（CIP）数据

被忽略的投资秘籍：伯克希尔股东大会的启示 / villike 著 . -- 北京：中国经济出版社，2023.6
ISBN 978-7-5136-7377-8
Ⅰ.①被… Ⅱ.①v… Ⅲ.①金融投资- 经验- 美国 Ⅳ.①F837.124.8
中国国家版本馆 CIP 数据核字（2023）第 116455 号

责任编辑 燕丽丽
责任印制 马小宾
封面设计 久品轩

出版发行 中国经济出版社
印 刷 者 北京富泰印刷有限责任公司
经 销 者 各地新华书店
开　　本 880mm × 1230mm 1/32
印　　张 5.625
字　　数 100千字
版　　次 2023年6月第1版
印　　次 2023年6月第1次
定　　价 58.00元
广告经营许可证 京西工商广字第8179号

中国经济出版社 **网址** www.economyph. com **社址** 北京市东城区安定门外大街58号 **邮编** 100011
本版图书如存在印装质量问题，请与本社销售中心联系调换（联系电话：010-57512564）

自　序

你为什么一定要看这本书?

试图将“最好的”投资理念和实操方法合二为一到一本书中，不得不说，我是在做一件看起来不可能的事情。毕竟，我又不是什么投资大佬，更何况市面上的书籍要么侧重理念、要么侧重实操，能兼顾两者的少之又少。而我作为一个业余投资者，凭什么敢写这么一本书？你又为什么一定要看这本书呢？

原因在于：这本书的“灵魂部分”，并不是我的原创，而是来自世界上最优秀的两位投资者——沃伦·巴菲特和查理·芒格，以及他们最伟大的“画作”——伯克希尔-哈撒韦公司。

可是，市面上研究伯克希尔和巴菲特、芒格以及介绍他们理念的书籍已经汗牛充栋，这本书对读者来说，有什么独特的价值呢？

这个问题的答案是这样的：如果说这个世界上有投资“秘籍”的话，除了大家耳熟能详的历年巴菲特致股东的信，其实，还有一份材料，而这份材料恐怕被99%的人都忽略了，它就是巴菲特和芒格在伯克希尔股东大会上与提问者的问答。

说它是“秘籍”，原因是一目了然的。那些在股东大会上提问的人，是跟你我一样的普通投资人，他们一般不执着于理念，也不会问一些虚头巴脑的问题。他们问的往往是一些很具体的问题，比如你们（巴菲特和芒格）如何看待某某公司？什么时候应该买股票？你们怎么做仓位管理？你们为什么要卖出某某公司？等等。

正是因为如此，在巴菲特和芒格对这些问题的回答中，蕴藏着从投资理念到投资实操的智慧，而且每一个实操，都是由世界上最伟大的两位投资者做出的。几十年来，他们在提问者的“步步紧逼”之下，对投资各个环节的细节都做出了详细的回答，其中不乏在其他材料中看不到的“独家消息”。

虽然你我没有机会直接向他们提问，但这些“我们做梦都想知道正确答案”的问题，“股神”的看法就在这份文件中。

让我惊讶的是，市面上居然没有与伯克希尔股东大会问答相关的图书，于是，我在互联网上找到历年股东大会问答实录，如饥似渴地看完后，更加坚定了我认为这些内容价值连城的看法。

于是，我把历年股东大会问答实录中对我最有价值的部分，结构化地整理了一遍，以投资实操的视角，凝集成了这本书。你在这本书里看到的内容，与其说是对巴菲特和芒格投资理念的分享，不如说是对他们投资方法精华的提炼。

这就是我所说“如果你是一名投资者，就一定要看这本书”的原因了。

对我自己而言，我已经在尝试把这本书的内容融入我的投资体系，用来指导我的投资。接下来，欢迎你和我一起，来修炼这门隐藏在几十年问答中的“投资秘籍”吧！

目 录

前　言
最好的投资机会

既然说伯克希尔股东大会问答实录是一份“秘籍”，而我们都知道，作为一本“秘籍”，通常开篇就会告诉你这个方法的主逻辑是什么，核心关键点有哪些，那么，这本书的内容，我准备从一个具体的、读者们应该都会感兴趣的话题开始，这个话题就是：

在巴菲特看来，最好的投资机会是什么样的？

在1999年股东大会现场的一次问答中，巴菲特说了下面一段话，我们一起来看：

任何时候，如果你能买到好企业——真的好企业——我们把它定义为资本回报率很高却以5倍市盈率交易的企业，同时你相信公司收益的质量，并且他们可以重新利用这些收益的很大一部分，以20%的回报率再投资；如果你的评估是正确的，那么你会赚很多钱。

巴菲特这看似平常的一段话，其实包含了“最好的投资机会”几乎所有的要素。把这段话整理之后，我们可以看出关键点有以下几个（破折号后是巴菲特的原话）：

1.资本回报率——资本回报率很高；

2.买入价格——5倍市盈率交易；

3.收益质量——你相信公司收益的质量；

4.重新利用收益的能力——可以重新利用这些收益的很大一部分，以20%的回报率再投资；

5.评估正确的概率——如果你的评估是正确的。

如果你过去读过不少我的文章——这些文章都收录在我的微信公众号：villike的财务自由笔记——你就会发现，关于这5个关键点，我都分享过个人看法。

上面的关键点1和关键点4，就是我说的“湿雪长坡”。“湿雪”要求公司的资本回报率（ROE）足够高，而“长坡”则代表公司处于一个有足够市场空间的市场中。除了这层意思，最好的公司，还可以将高ROE赚来的钱，继续以高ROE投资出去，从而实现“利滚利”。最终的结果，就是股东以复利实现财富的增长。

巴菲特说的关键点2讲的是安全边际，即相对于公司的盈利能力，你不能付出过高的价格，可以接受的至多是合理的价格。如果你是投资新手，难以理解这里讲的内容，不用着急，看完这本书，你不理解的大多数问题，都会找到答案。

关键点3，则是关键点1为“真”的前提。换句话说，如果公司ROE很高，但这里面的R——也就是净利润（Return）是有很大水分的（比如大量的应收账款，造成公司账面利润不少，收到的现金却不多），那么，资本回报率高就是一种假象，关键点1也就不成立了。

关键点5则是我们一直在努力做的事情。优秀的投资者终其一生，都在努力提高自己评估正确的概率。

看完这5个关键点，我们再回到“最好的投资机会”这个话题上，如果你能找到一个这样的投资机会，就像巴菲特说的，“你会赚很多钱”！

这5个因素就是这个“秘籍”的核心关键。在本书后面的部分，我会抽丝剥茧地一点点展开，带大家仔细看看这门“秘籍”的“一招一式”。

第一章

步骤 1:
如何选公司

第一章　步骤 1: 如何选公司

前文说过，本书力求将“投资理念和实操指导”结合，所以，我们直接按照投资的三大环节展开，这三个环节分别是：

环节1：如何选公司？

环节2：如何给公司估值？

环节3：如何做交易？

本章我将向读者们展示，在巴菲特看来，如何筛选投资对象以及背后的理念。在接下来的两章中，再来详细讲解估值和交易部分。

投资股票的第一步就是要思考：我要投资哪些公司的股票呢？

这部分内容，在伯克希尔股东大会问答实录这份“秘籍”中，巴菲特讲得最多。经过系统梳理、归类，我把巴菲特对“如何选公司”这个话题的所有表述，归结凝集成三个部分：

第一部分，“好生意和坏生意”。在这一部分，我们从好生意、坏生意的正反两面，去掂量不同公司的质量，看看什么是好生意、什么是一般的生意、什么是坏生意，以及这三种生意对我们的投资而言意味着什么。

第二部分，“看得懂”。这是投资非常关键的一步。至于什么叫“看得懂”，又如何才能做到，我们将一起领略巴菲特和芒格的智慧。

第三部分，“企业文化”。这是一个相对软性的领域。这部分涉及企业文化对投资的意义，企业文化的主要表现以及如何辨别企业文化等。千万不要小看了这部分的价值。

从以上这三个部分，我们就能全面看出在巴菲特的大脑中，有哪些关于“选公司”的想法。我们先来看“好坏生意”。

第一节　好生意和坏生意

这个话题，巴菲特在1996年的问答中，给出了一个看起来宽泛，但实际上把握了精髓的定义：

根据好公司的定义，好公司能够继续好30年。假如一家公司只能好3年，那就不是好公司。

一个人刚开始投资的时候，或者说对于大多数人而言，潜意识里认为一家公司会长期存在，这是一种特别常见的“错觉”。但是，读者们不妨想想，你在看这本书的时候，市面上的那些明星公司，尤其是那种“炙手可热”的公司，有几家是成立超过30年的？

我记得曾经看过一个统计数据，显示绝大多数公司的寿命不会超过10年。数据的口径和数值虽然不够精准，但这足够说明“大多数公司不会存在很久”这个事实——一个很容易被我们忽略的事实。这种忽略是由人类大脑的健忘性（我们总是忘记历史）和线性思维惯性（我们倾向于认为事物会沿着当前的趋势发展下去，而很少考虑有反转的可能）造成的。

以上说的是“大多数公司不会存在很久”，在巴菲特这条对好公司的定义中，他讲的是要“好30年”，注意不是“生存30年”。而对好的定义，就是符合好公司的标准，好公司的标准最直接的就是ROE要高。按照我过去的数据统计结果来看，A股5000家左右的公司中，ROE在过去10年大于等于20%的公司，占比也就2%左右。

巴菲特这一条对好公司的定义，对于我们投资者而言，有两点启发:

第一个，如果一家公司，你不能判断30年后是不是还在，那这便不是最好的投资对象（注意我说的是“不是最好”，“最好”意味着最高标准）。

第二个，如果一家公司过去没有持续获得高ROE的记录，而你想得出这是个好投资对象的结论，你就得“预判”未来它能取得这样的成绩，而这种预判则是超高难度动作。

巴菲特这个定义，虽然很正确，但在实操中很难把握，我们再来看一段关于什么是“好生意”更有实操性的定义。

“好生意”的定义

在2004年股东大会的问答中，巴菲特说了如下一段话：

在通货膨胀的背景下，在投资里最好是拥有良好的企业，能够以通货膨胀的方式进行定价，而且不会有巨大的资本投入来应对更大的销售额。

巴菲特在股东大会的问答中曾多次提及此观点，但根据我的观察，市面上谈论巴菲特的作品，大多将注意力放在能力圈、护城河、安全边际等概念上，对于这个充满智慧的观点则重视得不够。从巴菲特对此观点的重复次数和其与现实世界的符合程度来看，我认为其非常关键。我们来看看巴菲特对“好生意”更具体的解读，它有两个特点：

第一个，公司产品/服务的价格，能够抵御通货膨胀的影响；

第二个，为了赚更多的钱，不需要大量的资本投入。

我们先来深入看第一个特点。

抗通胀

熟悉巴菲特的人都知道，他认为通货膨胀是不可避免的。换句话说，钱会越来越不值钱。这一点我是很同意的。原因在于信用货币——我们“印出来的钱”，天然就有贬值的趋势，这涉及金融学的内容，非本书重点，这里就不展开了。但是，如果你怀疑这一点的话，不妨想想10年前、20年前，100元能买到多少东西，而现在又能买到多少东西。

一家公司的产品/服务，如果能占据人们“真实购买力”的一部分——这里的“真实购买力”指的是每个人可支配收入一定的百分比——这就是对股东而言非常好的一件事情。

当然，如果一家公司的产品/服务能够随着时间的推移，占据消费者真实购买力中更大的比例，那就简直太棒了！但可惜的是，能维持这种趋势的产品/服务实在是凤毛麟角。

要实现占据消费者真实购买力的一定比例，公司产品/服务的价格就要能随着通货膨胀而上涨，跟上甚至超过通货膨胀的速度。这种提高价格的能力，就是我们所说的“提价权”。很多人以为这个名词是由中国投资者编出来的，但其实它不是；而且这个因素非常重要！

巴菲特就曾在2005年股东大会中说道：

你几乎可以通过企业在决定价格上涨能否持续时所经历的痛苦，来衡量一家企业的实力。

从这个表述中，我们就能看出他有多强调这一点了吧？

如果一家公司在涨价以前，要疯狂论证，涨价前“底气不足”，涨价后“辗转反侧”（害怕消费者不买账，害怕竞争对手借机抢走消费者和市场），那么它一定不是最好的投资对象（注意，我没有说不是好的投资对象）。

“不要钱”就更好了

我们接着来看“好生意”的第二个特点：为了赚更多的钱，不需要大量的资本投入。

如果你对投资有一定的经验和理解，可能就会敏感地提出疑问：不投入就想赚更多的钱，这个有点儿困难吧？

确实是这样的，一般情况下，我们如果想要把一个生意做得更大，通常需要投入更多的固定资产。比如，你要建更多的厂房、买更多的机器，至少随着生意做大，也会有更多的应收账款和存货，这些都是营运资金的投入，是要占据更多资金的。

但如果我们留心观察，偶尔也会发现，一些生意就是不需要更多的投入，比如腾讯的游戏和广告，比如可以涨价的茅台酒。但是，追加投入和盈利相比少到可以忽略，却可以获得收入、利润增长的公司，几乎是不存在的，即使强大如茅台，想要扩产能，还是要实施各种各样的技改工程——虽然跟赚的钱比起来投入的只是小钱。

但上述并不影响这一标准的有效性。其实如果你从本质上的角度想想，“小投入、大产出”的生意如果能够持续，一定是个好生意。

这里需要再次强调，并不是说如果不符合上面两条，一个公司就不值得投资。我们应该这样解读巴菲特的这个观点:

符合这两条标准的公司，是属于投资角度的“伟大公司”，它们比“优秀公司”更少见和突出。在寻找投资对象时，投资者应该尽量找这样的“伟大公司”，但并不意味着稍微弱一些的公司——优秀公司——不值得投资。

对此，巴菲特如今的接班人之一格雷格，在2020年股东大会上回答股东提问时这样说道:

毫无疑问，我们更愿意投资不需要那么多资本的公司。然而，我们的能源公司、铁路公司，具备一定的定价权，如果出现通货膨胀，我们的资本密集生意未必能完全抵御，但应该可以收回绝大部分成本，即使在通胀环境中，也能赚取合理的收益率。

总结来说，一家公司能否提高产品/服务价格，是判断公司投资价值的重要标准。另外，不管是不是通过提高价格来实现，如果一家公司不需要追加大量投入，就能产出更多的收益，这就是最好的投资标的了。

收益再投资与“小投入、大产出”的“冲突”

这里还有一个很重要的小知识，巴菲特曾经反复强调，而且，这里面似乎隐藏着一个悖论。前文讲“最好的投资机会”的时候，我提炼了五个要素，其中第四条，“收益再投资”，似乎跟前文所述好生意“小投入、大产出”的特点有所冲突。其实，这里面的关键是：前者的核心在于“愿意投入，但要看有没有投入的机会”，后者的核心在于“如果不投的话，会怎么样”。

再换个角度说，“小投入、大产出”是从静态来看，反映的是这个生意的“体格”问题；而“收益再投资”是从动态来看，反映的是这个生意的“前景”问题。符合“小投入、大产出”标准的企业已经不算多，能在这个基础上，实现“收益再投资”的企业，更是凤毛麟角。

关于这一点，我们来看看巴菲特是怎么说的。下面的话是来自2003年股东大会巴菲特的回答：

理想的企业是能够获得非常高的资本回报，并且能够以这种高回报持续使用大量资本的企业，这就是一个复合机器。

但这样的企业非常、非常、非常少。真的——好的企业，拿可口可乐和喜诗糖果来说，它们不需要太多资本。

“树不能长到天上去”，世界是被自然规律支配的，上文说到的可口可乐和铁路公司，就是“小投入、大产出”和“收益再投资”各自的典型，而同时具备两个特征的公司，太少太少了。

好产品 / 服务和好公司的关系

投资，一定要明白一个道理，早明白早受益。那就是，一个好生意，一定是有好的产品/服务的，反之则不一定成立。道理也很简单，如果一个公司没有让消费者满意甚至喜欢的产品/服务，这样的公司可能凭借资本、广告等实现一时风光，但绝对不能长久风光；而“酒香也怕巷子深”，单凭产品/服务好，距离成为一个“好生意”还是有明显空间的。

什么样的产品/服务是好的呢？

巴菲特在2018年回答股东问题时，以他特有的幽默感，非常形象地做了诠释：

我们最喜欢的是那种能让人亲你，而不是扇你的产品。

在可口可乐刚发明的时候，如果有人找我们投资，我们应该会拒绝。对于没有获得大量实际证据的东西，我们无法预测它的未来如何。

在评估一个消费产品的时候，我们希望能够实际了解这个产品在各种不同情况下的表现。

所以，大家知道怎么判断一家公司的产品地位了吧？最简单的办法，就是想象一下你把它作为礼物送给别人（假设对方是需要的，送女性用品给男性属于找抽）的场景：对方会是什么样的反应？是喜笑颜开、恨不得抱着你亲一口？还是满脸黑线，想要一巴掌扇过来？

当然，大多数礼物不会带来后一种反应，但是嘴上说着“谢谢，我好开心”，心里波澜不惊，甚至开始发愁怎么处理的，我想一定不在少数。

到这里你可能已经发现了，判断一个产品到底好不好，其实不需要太高深的知识（产品不面向终端消费者的除外）。简单点儿说，就是一句话：你有多为它（产品/服务）着迷。

这很难吗？我觉得只要你是公允的、用心的，其实不难判定。巴菲特在1997年股东大会上曾经说过这个问题，我觉得他说得很对。

当你看消费类产品时，你真正感兴趣的是发现或思考：人们现在对一种产品是什么看法，以及他们在5年、10年或20年后会有什么看法？

现在，世界上几乎每个人——也许我们可以把这个数字降到75%——对可口可乐都有一些想法，可口可乐这个词，对他们来说是有意义的。

与之相反，RC可乐对世界上大部分人来说都没有任何意义，而它对RC的老板和装瓶商来说却有意义。

每个人心中都有一些关于可口可乐的东西，在绝大多数情况下，这都是美好的，它跟愉快的经历有关。重要的是消费者的心智，而不是市场份额。

只要你认真想想，你和其他人对一个产品的感受和看法，我想不难得出一些结论。你可以尝试问问自己以下这些问题：这个产品在我心目中是什么样的地位？我是发自内心地喜欢它吗？如果它涨一点价，我还会继续用它吗？相信在回答完这几个问题后，你的心中就已经做出了明确的判断。

好产品在投资决策中的地位

这时候，我们需要回到一个更本质的问题上：产品和服务在决定是否做一笔投资中，应该是一个什么样的地位呢？换句话说，一家公司如果管理能力很强、营销很厉害，或者公司/行业特别有前景，上述因素和好的产品/服务比起来，后者到底有什么样的话语权？

我们来看看下面这段话，来自1995年巴菲特和芒格在伯克希尔股东大会上的发言。

芒格：我认为很难预测投资银行/经纪公司的未来。

不过，伯克希尔作为所罗门公司的大客户，多年来，我们得到了很好的服务。我认为所罗门能存在很长时间，给客户提供优质服务，而且让客户满意。

巴菲特：所罗门公司毫无疑问会继续存在。我们的优先股投资绝对是好投资，问题是平均回报率会是多少。

我们投资所罗门的时候，就已经知道很难预测了，但后来我们发现这比我们想的还要难预测。

先剧透一点儿内容，你们现在可能还感觉不到，但等你们读完后文，再回头看这段话，看完第一句，你就会暗自嘀咕：在巴菲特和芒格的投资决策这里，这公司十有八九要“凉”了。

可是结果呢？所罗门这家公司在伯克希尔这里没有“凉凉”，伯克希尔还是维持了这笔投资。原因是什么呢？

其中的关键之一，就是芒格所说，“多年来，我们得到了很好的服务。我认为所罗门能存在很长时间，给客户提供优质服务，而且让客户满意”。那么这个理由看起来虚吗？仅凭服务好就可以让巴菲特和芒格做出这样的决定？确实，这看起来是很虚，但你仔细去体会，就知道在巴菲特、芒格的投资理念中，“好的产品/服务”对于投资一家公司的决策来说，有多么重要的地位！

我们再来品一品上面这段1995年芒格和巴菲特的话。芒格和巴菲特都认为他们判断不了这门生意的前景，甚至不知道能有多少收益。按照他们的投资体系，这笔投资是应该马上卖出的。

可是他们一直坚持了下去，巴菲特甚至亲自去这家公司当了一段时间的董事长，目的就是把公司重新拉回正轨。两位老人如此坚持的原因之一，就在于他们认为该公司的服务是很好的，而这是好生意的一个重要特点。

那么，一个呼之欲出的问题就是：前面讲了什么样的产品/服务是好的，作为投资人，应该如何维持这种敏感性呢？

巴菲特在2018年股东大会上回答股东提问时，有如下一段话：

投资者最好能具备和消费者沟通交流的能力，能从消费者的角度思考问题，这确实用不着高深的学术知识。

本质的东西，往往看起来会很简单。巴菲特告诉我们：“好生意”的一大特点，就是产品/服务被深深地喜爱，消费者对其充满好感。而要找到有这种产品/服务的公司，看起来简单之极的方式就是：从消费者的角度思考问题，而这确实不需要高深的知识。

从这个角度说，彼得·林奇讲的“逛商场、找股票”，其实是很好的方式，至少是一个很好的开始。读者们下次再逛街的时候，不妨多观察身边的商品和服务，看看有哪些是你特别喜欢的，尤其是那种你喜欢了很久，而且是发自内心主动寻找的产品，那里面很可能隐藏着好投资标的的“候选人”。

从“烂生意”反向看“好生意”

我们了解了“好生意”的一些本质特点，那么，在巴菲特的眼里，“烂生意”是什么样的呢？还有对投资人来说，需要看“烂生意”吗？

说到这一点，很多人脑海中可能会出现巴菲特在投资理念上的一个“跨越”，即我们津津乐道的巴菲特从“捡烟蒂”的投资方式到“投资伟大企业”的投资方式。这个跨越确实存在，但可能跟我们想象中的“惊人一跃”不太一样。事实上，这是一个渐进的过程。巴菲特在2003年股东大会的时候，对提问者有过如下说法：

> 我们从拥有烟蒂到拥有出色的公司之间，并没有一条鲜明的红线。我们朝着优秀公司的方向前进，偶尔也会后退，因为烟蒂能赚钱。
>
> 但总体而言，我们一直朝着拥有越来越好的公司的方向前进。现在我们已经拥有了一批优秀的公司。

巴菲特是这样过来的，我想这个道理对我们而言也是一样：投资风格的转变和进化，不是不对，但在一定的概率上——我认为这个概率不低——我们会遇到“观念发生了变化，但能力还没跟上”的陷阱。

理解这一点对投资者来说非常重要！我们想一想：这个陷阱造

成的后果往往是什么呢?

要回答这个问题，我们不妨先想想“投资伟大企业”这种做法，一般而言的特点有哪些。通常来说，这种做法会有3个特点：选出最好的那些公司；以“合理”的价格买入；并且往往要集中投资。

如果我们能够在这3个特点上都做到位，那自然是一笔好投资。但是，我们普通人往往会“弄巧成拙”，比起3个特点都做到位的理想状态，我们更可能会做成什么样呢？有可能我们没选好公司，而且价格给高了，并且最悲催的是，我们以不低的价格，集中投资在没那么好，甚至错误的几家公司上面。这就真的是“偷鸡不成蚀把米”了。

那么，如何避开这个陷阱呢？我的看法是：选公司的能力是可以慢慢提高的，但是对于交易价格的控制，以及适度的分散化，这是每个人都可以马上做到的——前提是如果你愿意这么做的话。

正是因为我有这些考虑，所以，我个人的投资选择往往是：虽然手上的企业，并不全符合好公司的标准和定义，但在这些公司没有出现经营恶化的时候，我不会急于“清仓换股”。

投资要“多想、少做、慢慢等”，这是我的基本态度。

我们回到“烂生意”上面来。由于早年在“烂生意”上面吃了不少亏，巴菲特才对生意的好坏以及对投资的意义有了更深刻的理解。而且，正是这种经历，让他对“好生意”有了另一个角度的思考。对于“烂生意”，老人家在2017年股东大会上的说法耐人寻味:

只有经过“烂生意”的折磨，才知道什么是“好生意”。

套用一句现在视频号里的网红语，“这大哥要是没被3个‘烂生意’折磨过，都唱不出这个味道”。

所以，经常看看各类生意的特征，还是很有意义的。没有对比就没有伤害，不看看别的生意有多烂，你可能都不知道有些生意有多好。不信的话，你随便去找一家ROE常年在10%以下公司的财报，拿来和贵州茅台的财报做一下对比，就知道什么叫“公司比公司，气死公司了”。

常见的“烂生意”

那么，有哪些生意特点，是要提高警惕的呢？我把巴菲特和芒格在股东大会问答中说过的要点总结了出来，以下是第一部分：

我们喜欢劳动力成本低的企业，其实我们喜欢任何低成本业务，因为剩下的就是利润。

如果你问我：在其他条件都一样的前提下，你更喜欢哪种企业？劳动密集型还是非劳动密集型？答案是非劳动密集型。

这一部分来自巴菲特在1997年股东大会上的回答。在这里，巴菲特旗帜鲜明地告诉我们非劳动密集型生意是更好的生意。原因也很简单，劳动密集型生意很累，而且人力成本是会刚性上涨的。

看到这里，可能很多读者脑海中已经开始有疑问了。那么这不就排除了好多企业吗？对此，我们需要重温以下观点：

（1）好生意注定是条件苛刻的，也就意味着数量不会那么多。

（2）但这并不意味着，不符合所有条件的，就不值得投资。

（3）我们做投资，目的是赚钱，所以当然是优中选优，尽量不要自降标准，否则等于给自己加难度。

这三条，对于后面要讲的各类“烂生意”也适用。理解它们是为了帮我们更好地理解和识别“好生意”。记住这一点，我们再来看第二段关于“烂生意”的表述，引自2005年股东大会上巴菲特的表述。

用飞机赚钱很难，它们是资本密集型的，我曾预计我们去年会盈利，我大错特错了。

这一段讲的是资本密集型生意。事实上，你可能已经发现了，但凡××密集型，都不是好生意。资本密集型生意不好的原因一般有两个：

第一个原因，由于资本密集，而需要大量资本。而资本从哪儿来？要么融资，要么借债，前者容易损害现有股东的权益，后者则会提升公司的财务风险。

第二个原因，我用巴菲特的原话来解释。

折旧是真实的，这是最糟糕的一种支出，因为它是一种反向浮存金，你在获得收入之前就把钱花光了。

上面这一段来自2003年股东大会巴菲特对提问者的回答。资本密集型的生意，会有大量的折旧。巴菲特说得很对，折旧是“最糟糕的一种支出”。工资好歹是“干活给钱”，而折旧意味着收入还没拿到，机器厂房的“支出”已经开始了，而且这种支出一旦开始，在折旧完成前就不会停止。

再看看第三类“烂生意”，下面一段，来自2011年的问答。

最糟糕的企业，是那些有大量应收账款和库存的企业。如果（销售）数量保持不变，但价格水平翻了一番，他们需要拿出两倍的钱来做同样数量的生意。

这一段说的是营运资金密集型生意。还记得前面我说的但凡“密集”就不是好生意吗?

要想了解什么样的企业是营运资金密集型生意，你只需要随意打开一家传统制造企业的年报，最好是产品面向企业（俗称to B）的那种，看看这类企业的年报就明白了。

再回想一下，本书前文讲过一个观点：公司的产品要有提价权、可以应付通胀，才是好生意。而当通货膨胀发生（从长远来看必然发生），那些有大量应收账款和库存的企业，势必有更大的压力，因为它们需要投入的营运资金——应收账款和存货——就会更大。而“小投入、大产出”才是我们要找的公司，这样是不是可以理解得更透彻了呢?

以上就是巴菲特在股东大会问答中透露的关于“好坏生意”的见解。这些内容让我们对如何判断“好坏生意”有了一些清晰、可靠的标准。

不要对公司 / 产品做纯道德判断

除了上面这些标准，关于“好坏生意”，在历年的股东大会上，巴菲特和芒格还对两个微妙问题有过探讨，我们一起来看。

第一个微妙的问题是对公司及其产品的道德判断。

这个话题确实很微妙，被讨论的也很少。一家公司的产品“道德与否”，是否应该影响对这家公司的投资判断? 比如，烟草、博彩、屠宰——我说的都是合法的那些生意，这些生意值得投资吗?

对于这个问题的答案，持反对意见的人，即认为不应该投资“不道德”生意的人，往往会拿出伯克希尔历史上的一个投资案例来支持他们的观点。他们认为，巴菲特和芒格以身作则地表达了“不应该投资不道德生意”的观点。这个经常被引用的投资案例大致是这样的：

有人给巴菲特和芒格介绍了一家烟草公司，两位去见了管理层，一致认为该公司的经济特征、管理层能力和人品等方面都没问题。然后，他们在酒店大堂认真讨论了这个生意，但是最后，他们决定不投资这个生意。

他们决定不投资这家烟草公司的真实原因，市面上有不同的解读，就我收集的信息而言，我的看法是：在“投资是否应该考虑‘道德’因素”方面，巴菲特和芒格是存在分歧的。

我们先来说巴菲特对这个问题的看法。他不止一次在股东大会问答环节，表达过他不投资这家烟草公司的原因，以及对上述问题的观点。我们看看他在2021年股东大会上的这段话：

我不喜欢对股票进行道德判断，从实际经营业务的角度来看，每个行业都有你不喜欢的东西。不知道你是否去过肉类加工厂？那你是否也要做出道德评判？

这段话巴菲特把自己的意思表达得很清楚了。他认为投资股票不应该做道德判断，因为这个事情很难判断。虽然这个理由看起来不是很有力，毕竟赌博不好，这是所有理性人的共识；但是这就是他的观点。

那么，巴菲特不投资这家烟草公司的真实理由是什么呢？巴菲特其实也做出了明确的回答，考虑到与这部分内容关系不大，这里容我卖个关子，后面到相应部分的时候再揭晓答案。

我们回过头来看看芒格的观点。对于这个问题，芒格可不是这么说的。芒格是威斯科金融公司（Wesco Financial）的董事长，伯克希尔是威斯科金融公司的大股东，而芒格在威斯科金融公司的股东大会上——也是在问答环节，透露过他当时选择不投资那家烟草公司的理由。根据芒格在威斯科金融公司股东大会上的说法，他认为“有些钱是不应该赚的”。

所以，对于这个问题——一家公司产品的“道德性”，是否应该是做出投资决策的思考因素，答案因人而异。就我个人而言，我会比较偏向于采纳巴菲特的观点，但前提是公司是“消费者导向”的。再说得具体一点，我希望这些公司的产品/服务是能够很好地满足消费者需求的。

如何看待白酒、可乐、游戏这类生意

道德与投资

前文我们谈了一家公司产品/服务“道德性”和投资决策关系的问题。“道德性”这个观念则引出了关于“好坏生意”的第二个微妙问题，这个问题是：

有些公司的产品，可能会对人体带来负面影响，比如白酒，据说可以致癌，可乐会引起肥胖及相关疾病，游戏（电脑端或手机终端类电子游戏等。本书下文所指均为此类有别于传统的“游戏”概念者）会让人沉迷其中、不务正业，等等。那么，从投资的角度，我们应该如何看待这样的“产品/服务可能对人有害”的公司呢？

事实上，每次谈到这个话题，巴菲特和芒格总是表现出比较激烈的态度。我们先来看看巴菲特是怎么说的，以下是2004年股东大会上巴菲特在回答问题时的说法：

我认为仅仅因为它们可能会导致体重增加，就说人们吃汉堡、喝可口可乐、吃糖果或其他类似的事情很糟糕，这是有点疯狂的，因为那是一个完全可以自由选择的决定。

谁知道活到75岁的人是否过得更幸福呢？即使他们的超重导致他们比那些活到85岁却靠胡萝卜和花椰菜生活的人死得更早，但前者的日子过得更开心，我更喜欢前面那种（生活）。

这个回答表达的意思很明显，所展示的情绪也很丰富。但巴菲特这一段讲话还不是最“激烈”的，我们再来看看芒格在2016年股东大会上怎么说；那简直可以用“发飙”来形容。

我喜欢吃花生糖。提出类似问题的人，总是犯这种严重错误。他们眼里看到的全是坏处，丝毫想不到一点好处。这太蠢！

每个人每天都要喝8到10杯水。给水加一点味道、加一点能量、加一些卡路里，有什么不好？这样做便宜又合理，还能改善生活品质。这对人类有巨大的好处，即使有些弊端又能怎么样？

相信读者们能感觉到，两位老人的观点有些相通的地方，具体是在哪里呢？

理性不是人生的全部

我认为，他们的观点中暗含的同一个意思是：理性不应该是人生的全部，快乐是人生的重要组成部分。

这个概念很关键！

在我们的头脑中，通常对这个世界有一些“完美无缺”的看法，比如经济学的“理性人假设”。我记得，曾经有人问过知名投资人段永平类似的问题：打游戏有害身体健康，因此游戏公司就是在做错的事情。你为什么还要投资这种公司呢？

段先生如此回答：游戏可以给人带来快乐，而且对很多人来说，很难有比游戏更简单、直接、低成本的快乐了。

还有一次，有人问段永平：白酒致癌，为什么你还要投资贵州茅台？段先生的回答很经典，大概意思是：难道你认为所有人都应该去出家吗？

我认为这两段回答是很经典的，至于我自己，随着年龄的增长，我慢慢体会到“快乐是人生的重要组成部分”的意思了。

我们小时候，只想要快乐、无拘无束地生活。那个时候我们是完全感性的、由快乐驱动的，而“理性”的部分，是由长辈跟在屁股后面吼出来的——好好吃饭、别磨磨蹭蹭、把玩具整理好，等等。

慢慢地我们成年了，进入了社会。我们的头脑中理性的戏份变得越来越多，以至于很多时候我们会忘记，活得快乐的人生，才是幸福的人生。当然，获取快乐要合法合规，同时不损害他人利益。总体来说，成年人要想获取快乐并不容易。

正是因为很难，所以，我认为一个人开始成熟的标志，是他不再一味地追求完全的理性；让自己快乐，也是很重要的一种成长。

这时候我们再回头看看前文中芒格的说法，是不是更能理解他说的话了呢?

第二节　看得懂

好了，到了这里，我们回顾一下本书的框架:

接近30年的股东大会实录，上百万字的内容，我把它们凝集成了本书。这部分讲解的是第一个步骤“选公司”，前面这些章节讲的都是“选公司”的第一部分——“好坏生意”。

从本节开始，我要讲解“选公司”的第二部分。这部分的目的是在对“好坏生意”有了概念和理解的基础上，更进一步，我们要“看得懂”一家公司。

“看得懂”这部分，我整理完以后发现，巴菲特说得最多的内容和知名投资人段永平反复强调的内容高度相似，具体可以精简为几个字：看10年。

要提醒读者们注意的是：所谓“看10年”，并不是说9年或11年就不行。“10年”是一种把目光放长远的形象说法。至于为什么要“看得长远”，巴菲特在2007年股东大会上回答提问时，说了如下的话：

投资就是要预见未来。你不会因为已经发生的事情得到回报，你只能因为未来将要发生的事情获得回报。只有在你洞察未来的时候过去才会对你有用，但是有时候过去并不能让你洞察未来。

这段话的意思说得很清楚，即看得见（在某种程度上）未来，才能把投资做成功。而要想看见未来，过去并不总是管用的（但多说一句，过去恐怕还是很靠谱的）。

我原来以为，段永平先生经常说的“投资要看10年”，是他自己用的形象说法，如今再看伯克希尔股东大会的实录，我才发现巴菲特有多热衷于这个概念！

看10年

什么才叫“看懂”了

根据我查询的资料，“看10年”这个说法在股东会的第一次出现，是下面这段话：

美国运通有重要的优势和经济实力，但也有一些弱点。你必须衡量这些优缺点，判断美国运通在2000年或2005年会怎样。

读者们不妨猜猜：这段话是在哪一年股东大会上说的？没错，是1995年，那一年，巴菲特强调，对美国运通5~10年后的状况能否做出判断，是投资这家公司要考虑的重要事情。从那以后，巴菲特就像“上瘾”了一样，开始频繁地用这种描述。在1996年股东大会上回答提问时，他说：

我们认为微软是一家非常好的公司，由第一流的管理层管理，但是我们不知道10年或20年后微软所在的行业会是怎样的。

这段话传递了非常清晰的信息：因为看不清楚微软中长期的未来，即不知道10年或20年后微软所在行业会怎样，所以巴菲特选择不投资微软。这是从反面的角度，进一步说明“看10年”对做出一个投资决策的重要性。

接下来，巴菲特在1997年股东大会上的说法，开个玩笑来说，简直让人忍俊不禁地怀疑他和段永平到底是“谁抄了谁”。

当我说“懂”时，我的意思是，我非常清楚10年后公司的情况将是什么样的。我对许多企业的理解都不足以让我产生这种信心，不过有少数几家企业可以。

巴菲特这段话，对于“懂”一家公司的意思做了展开。按照他的意思，“懂”一家公司意味着可以对这家公司的中长期未来——10年甚至更久，有自己的理解和判断。这不容易，但偶尔也可以做到。

接着，也是在同一年（1997年）的股东大会上，巴菲特在回答提问时，用同样的视角和思路，讲了自己不投资另一个行业公司的原因。

制药行业很明显是一个非常值得投资的行业，但要想选出哪个公司10年后是最好的，这方面我是有困难的。

虽然制药行业是一个很有投资价值的行业，但因为判断不了一家制药公司10年后的样子，或者说，由于不能做到看“懂”一家制药公司，巴菲特放弃了对制药行业的投资。

对于“懂企业”和“看10年”的关系，在两年后——也就是1999年，巴菲特又在股东大会上回答问题时讲了一次。

对我们认为无法理解的企业，我们不会花一分钱。而我们对“理解”的定义是：我们能评估该企业未来10年的发展前景。

不投烟草公司，是因为“不懂”

行文到这里，读者们还记得前文“公司产品/服务的道德因素是否应该作为投资决策的重要依据”的话题吗？在那个话题中，我们提到巴菲特不投资烟草公司，并不是因为对那家烟草公司做了道德判断，以至于他宁可不赚钱也不愿意投资那家烟草公司。

至于巴菲特不投资烟草公司的真实原因，还是让他自己告诉大家吧。

我们从没有大举投资烟草公司，并不是因为这是人们抵制的行业，而是因为我不认为我在烟草方面有什么特别的洞察力……你必须对社会以及政府将会怎样对待烟草有个看法。目前烟草公司的经济状况良好，但这不意味着烟草公司前程似锦。

上面这一段，来自巴菲特1994年在股东大会上回答问题时的说法。他的意思表达得很清楚。巴菲特之所以放弃了投资那家烟草公司，在于他认为自己判断不了烟草行业未来的生意特性，而这一点（烟草生意未来的特点）和社会以及政府对烟草公司的态度有很大关系。

换句话说，巴菲特决定放弃投资那家烟草公司，是因为他并不觉得自己能对那家烟草公司未来10年的经济状况，有超出他人的理解和认知。

两个错误

写到这里，我们不妨思考一个问题：从正面思考的角度看，要投资一家公司，就要懂它，换句话说，能够粗略判断这家公司中长期的前景。那么，从反面思考的角度来说，既然我们说要看得长远，什么样的做法或观念是不可取的呢？

第一个错误

在历年伯克希尔股东大会的问答中，巴菲特和芒格提到了两种错误或不可取的做法。有意思的是，这两种做法都是我们普通投资者在投资时，一不小心就会犯的错误。

第一种我们经常犯的错误是：过于关注公司的短期经营成绩。对此，巴菲特在1994年股东大会回答问题时有过两段说法，第一段是：

我们在并购任何公司之后，公司头两年的报表如何，我们根本就不在乎。

第二段是：

如果我们认为未来盈利能力的现值，相对于购买价格具有足够的吸引力，我们就不会为第一年的数字所左右。

当然，巴菲特和芒格不在乎短期报表数字及短期经营成绩的底气，是他们确实能对一家公司的生意特质有充足的洞见和信心，这是我们一定要注意的，因为绝大多数人在绝大多数公司身上，是不具备这样的功力的。

第二个错误

第二种我们经常犯的错误，是太关注细节。在2019年股东大会上，巴菲特拿自己旗下公司的真实案例做了解析。

对细枝末节特别执迷的人，往往是只见树木，不见森林。

举个例子，1965年，你可以掌握我们纺织公司的每个细节。我们可以提供详细信息，告诉你生产内衬赚了多少钱、围巾赚了多少钱。但是，如果只看这些，就看错了，应该看的是我们的长期前景如何。

再比如，在1980年、1985年，如果你只盯着股东信里的细枝末节，关注喜诗糖果向东部发展的情况，那么我们可以告诉你，喜诗糖果开拓市场的行动失败了。

我认为巴菲特这几句话里面重点的部分是“只看这些，就看错了，应该看的是我们的长期前景如何”。如果你对喜诗糖果（巴菲特高度推崇的糖果公司，在20世纪70年代被伯克希尔收购以后，为巴菲特提供了大量的现金供其投资）的特点和经营历史有了解，你就会心领神会巴菲特的意思，甚至会在脑海中活灵活现地想到1980年的情况。

当年，喜诗糖果准备向美国东部发展。如果喜诗糖果是上市公司（实际上不是），股市看到这样的消息，十有八九股价要大涨。紧接着几年下来，公司地域拓展失败。如果是上市公司，股价十有八九要大跌。同样的事情（扩张—股价大涨—扩张失败—股价大跌），可能在1985年要再来一遍。

但是，喜诗糖果短期的、局部的经营业绩不佳甚至失败，并没有改变这家公司优秀的商业模式和企业文化，正是这些让喜诗糖果在伯克希尔的地位“屹立不倒”，经常被巴菲特和芒格拿出来作为优秀案例讲解。

所以，下一次你被公司的短期业绩和细节弄得头晕目眩的时候，建议回头来看看上面那几句话，我相信会有帮助的。

挑“软柿子”

前文我们讲了大量的“看10年”的内容，但是要注意的是，要预判一家企业10年后的样子，在绝大多数情况下是一件非常不容易的事情。那么，投资者应该如何应对这个难题呢？巴菲特有自己的办法，我们先来看2005年他在股东大会上回答提问时说的一段话。

> 我们最擅长的投资，是我们可以判断：这个生意5年后、10年后会看起来和现在很像，它们的规模会更大，它们（可能）会做不同的业务，但基本原则是一致的。

应对“公司前景判断难度很大”这个难题，要遵循的第一个原则就是找那种业务不会发生巨大变化的公司。预测这种公司未来的难度一定会低很多，毕竟看懂现有的生意比预测未来的生意要容易得多。

还有，这种找“业务不会发生大变化公司”的建议，是不是会让你回想起前文讲“好坏生意”时，对“好生意”的定义呢？在那一部分，对“好生意”的一个模糊定义就是“能够好30年的生意”，和这里的建议前后呼应。

这种历经变迁依然做着类似业务的生意，往往是所谓的“软柿子”。原因也很简单，同样的生意存在的时间久了，投资者自然有更多的时间和机会去看懂它。我们看看巴菲特是怎么评价可口可乐的。这是巴菲特对这个话题的亲选案例，下面这段来自1994年股东大会上巴菲特回答提问时的说法。

对于可口可乐的增长潜力、盈利潜力等，你必须自己得出结论。

有一件事我可以向你保证，你能获得的关于决策（是否投资）可口可乐的事实，基本上和在可口可乐工作了20年的员工或华尔街的食品饮料分析师获得的事实一致好。

这就是我们喜欢的生意，是我们认为我们可以理解的。

读者们从这些话就可以看出巴菲特喜欢什么样的生意。没错，他喜欢那种并不存在什么高深秘密的生意。拿可口可乐来举例，要想了解可口可乐这种产品和这门生意，并不存在多高的壁垒，每个人都可以获取很多信息，多到足够做出自己的投资决策。这些不难获取的信息包括：可口可乐的历史、可口可乐好不好喝、人们喜不喜欢喝可口可乐、可口可乐的竞争对手能否打垮可口可乐，等等。

上述在投资中“挑软柿子”的做法是巴菲特推荐的，与这种做法相反的就是做一些高难度的动作。比如，押注一些过去经营状况一般甚至不好的，但未来有可能会变好的公司。关于这一点，在1995年股东大会的问答中巴菲特讲了他和芒格的做法。

我们倾向于根据过去的记录来（做投资）判断。总的来说，如果一家公司过去的记录很糟糕，而未来却很光明，那我们就会错过这个“机会”。

这就是我在选择拟分析对象时——注意还不是拟投资对象，要求这些公司历史表现优秀的原因。那种本身简单易懂、历史表现优秀的公司，普通投资人更容易对他们的投资价值做出高质量的判断。

能力圈

要提醒读者们注意的是，投资“挑软柿子”这种做法是建议所有人都采用的，但对不同的人来说，“软柿子”可能是不同的公司。换句话说，每个人都有自己能够掌握的“软柿子”，这就是“能力圈”的概念了。这也是巴菲特认为某些生意自己能“看10年”的重要原因。

“能力圈”这个概念，对于普通投资者而言简直是一个福音。它不光可以让我们把投资做得更好——坚持对于能力圈以外的公司不投资，就能避开绝大多数的烂投资机会，而且可以极大地降低我们的压力。比起第一点好处，第二点好处的重要性往往被我们忽视了。

关于能力圈的内涵和意义，巴菲特在2009年股东大会问答中的说法就很有代表性。

你不需要对4000或5000家公司的分析是正确的，你甚至不需要对40家公司的分析是正确的，你只需要停留在你能理解的能力范围，寻找那些以低于其价值的价格出手的东西。

你可以从一个相当小的能力圈开始。随着你的发展，你会了解更多的商业知识。你会发现，有很多公司根本不适合估值，你就会忘记它们。

大多数投资者对能力圈这个概念已经耳熟能详。用中国人的话说，就是“不熟不做”。这是一条投资的基本常识。我认为能力圈这个概念，最重要的一点是，“能力圈的大小不是最重要的，最重要的是待在能力圈里”。

面对很多事情，如果我们能设身处地地进入其中，就更能理解其背后的深意。我们不妨反思一下，当说到能力圈的时候，我们往往会有一些疑问。例如，巴菲特那么厉害，他当然可以说“能力圈”，但我的水平又不高，如果还“画地为牢”，限制自己“这公司不能看那公司不能买”，那不是限制自己吗？还有更吓人的，万一我给自己画的圈是个“假圈”，待在里面不是更危险吗？

上述我们担心的这两个问题，巴菲特在2002年股东大会的问答中给出了清晰的回答。

如果你有能力圈，你几乎会自动地感觉到能力圈的边缘在哪里。因为如果你不知道它的边界，它就不是你的能力圈。

你会在这个圈子里找到很多东西。我想说我的能力范围很小，但也足够大了，我总能找到一些东西。

那么，我们有了这个能力圈以后，好处是什么呢？我认为，如果你找到了自己真正的能力圈，那么这个圈几乎可以让你变成“赌场的庄家”，因为胜率在你这边。

5分钟决策

上述是能力圈对于我们这些普通投资者的重要价值。对于巴菲特这样的要看无数生意的人来说，能力圈简直是一个超级厉害的漏斗！关于这一点，他在2008年股东大会的问答中是这么说的：

（当有投资机会找来时）在谈话初期，我就知道对方所说的东西是否有可能被我们采取行动。

我们不担心我们错过的那些。我们要确保的是，我们不会浪费时间去想那些当我们考虑完所有事情、依然不知道足够多的信息来做决定的机会。所以我们只是排除了这些，这就排除了很多东西。

但是，如果它通过了几个筛选标准，进入了一个区域，而这是我们足够了解的东西，我们可以做出决定，那我们就准备好了。所以，我们很容易在5分钟内做出决定，其实也没那么复杂。

现在，我们了解了许多企业和行业，但也还有很多我们一无所知的企业和行业。

事实是，如果我们不能在5分钟内做出决定，我们就不能在5个月内做出决定，我们也不会在接下来的5个月里学到足够的东西来弥补我们一开始的不足。

你看看，如果能在5分钟内对一个投资对象做出决定，这是多么让人愉快的一件事情呀！同时，如果你能做到的话，投资的效率也能大大提高。

像“新闻记者”一样分析公司

前文我们提到“如果你找到了自己真正的能力圈”，这里面的关键就在于“真正的”三个字。那么，我们要怎样构建、巩固甚至扩展自己“真正的”能力圈呢？在2004年股东大会的问答中巴菲特回忆了他当年的做法。

在年轻的时候，我们花了相当多的时间研究公司。如果可以再来一次，我们会以几乎相同的方式再来一次。我们会看所有我们认为能理解的东西，我们会阅读我们认为能理解的生意和行业的一切。

投入精力做研究

巴菲特这个做法其实没有任何神秘之处，说到底就是四个字：投入精力。我们不妨对照自己的情况想想：我们自己在学习投资上投入了多少时间？我们投入的这些时间精力，真的可以撑得起自己期望的收益率吗？也许我们不能获得满意的收益率，是因为自己的付出和期待之间有太大的差距。

那么，我们具体应该怎么做呢？要做哪些事情才能找到、确认甚至扩展自己的能力圈呢？在1999年股东大会的问答中巴菲特给出了一份已经相当有实操性的建议。

你可能会考虑挑选5~10家你觉得非常熟悉它们产品的公司，但不一定要对它们的财务状况和所有信息都非常熟悉。挑出这些，至少你能够了解到一些东西——如果你了解它们的产品，你就会知道这个行业本身发生了什么。

然后，你需要看很多年报。另外，你可以通过互联网获取所有相关的5年或10年的杂志文章。你要让自己沉浸其中，就好像你要去为公司工作，或者他们要把你聘为CEO，或者你要买下整个公司。

当你熬过这一关的时候，问问自己：有什么是我不知道却需要知道的？这就像新闻记者的调查过程一样。6个月后，你说这家公司值这么多钱，你就可以开始写故事了。有些公司很容易写故事，有些公司很难，而我们是试着寻找那些简单的。

在我的微信公众号（villike的财务自由笔记）和“雪球”主页上，时不时就有读者问我：你是怎么分析一家公司的？那么，上面这一段基本就是我的做法了。

我的选股标准概述

我的方法和上述巴菲特所说的方法还是有差别的。比如我选公司的时候，有一套自己的初筛标准，而不是直接去挑自己熟悉产品的公司。我的选股标准，核心的指标有两个：

第一个是ROE（净资产收益率），这代表公司拿股东的钱去赚钱的能力；第二个是我自己创造的指标：关键比率，公式是ROE除以分红比例，代表的是公司将收益留在公司继续享受高ROE的能力和机会。这两个指标合在一起，就是我的投资理念的前4个字（一共8个字）“湿雪长坡”，其中，湿雪就是ROE，分红比例可以在一定程度上代表管理层眼中公司未来的潜在发展空间，也就是长坡的概念了。

通常我用的具体标准是：过去10年公司ROE大于等于20%的年份，以及过去10年公司关键比率大于等于0.4的年份，要大于等于7。由此选出来的公司会进入我开展上述巴菲特所说“新闻记者式”

研究的名单。

这些指标背后的逻辑由于和本书关系不大，不再赘述。读者们如果感兴趣，可以关注我的微信公众号，在对话框输入“选股标准”点击发送后查看。每年以此标准选出来的公司，我也会在每年4月底或5月初公布在我的微信公众号上。

回到巴菲特说的“新闻记者式”的公司研究方式，虽然用语平实易懂，但这些平实的话语背后都是功力啊！我认为有几个关键点需要我们关注。

第一个，你要非常熟悉公司的产品，至少要有机会做到非常熟悉。这一点看似简单，但会被很多人有意无意地忽略。比如，不管承认或不承认，大部分人是不会知道“××高科技元件”的实际情况的，但几乎所有人都知道一瓶可乐是怎样的，也知道人们对它的感受——不管是喜欢还是不喜欢。

不要“先选行业、再挑公司”

这里我要引申补充一个观点：很多人喜欢从行业入手，先选行业、再选公司。但我认为，更好的做法是直接看公司，而不是自上而下地选行业，然后选公司。关于这一点，巴菲特在2017年股东大会的问答中这样说道：

我们知道自己大概看好哪些行业，知道大概哪些行业里有好公司，但是我们从来不说要投这个行业或那个行业的公司。

根据我的理解，巴菲特选择这么做的原因是有点微妙的，需要仔细去理解。这背后的原因是：行业好并不能保证公司好。

具体来说，有些时候行业蓬勃发展，公司却一地鸡毛。读者们不妨回忆一下20世纪“改变世界”的汽车和航空行业吧。这些行业确实改变了世界，也给人类带来了巨大的红利，但对于投资这些行业的投资人来说，恐怕大多数是大幅亏损的。

再拿我们中国来说，这样的“行业好，投资人却不赚钱”的例子也不少。比如前几年火遍全国的共享单车，确实让出行变得更方便了，大大节约了出行的时间和成本，可最后整个行业活下来的企业都没几家，更别提投资它们的人了。

沉浸其中和说服自己

巴菲特前面几段话的第二个关键点是，要理解一家公司，就要看大量的年报和公司披露的信息。这一点对于巴菲特尚且如此，对于其他投资人而言，就更加是躲不掉的了。

第三个关键点是“沉浸其中”。拿我自己来举例，我每次分析一家公司的时候，就好像沉浸于一部电影。我可以坐在书房里，不看不想任何其他东西，就只看跟这家公司有关的一切。在这个“沉浸其中”的过程中，关于一家公司的投资判断和决策，就能逐步清晰了。不管最后的结论是否能投，我的理由都会逐渐浮现出来。

第四个关键点是巴菲特告诉我们：思考的视角是“假设他们要把你聘为CEO，或者你要买下整家公司”。这种视角就是真正的投资视角。你不要去想市场会怎么看这家公司，公司下个季度的业绩会怎么样；而是去想：如果这是你的私人公司，这到底是不是个好生意？它到底值多少钱？

第五个关键点，我引用巴菲特的原话——“有什么是我不知道却需要知道的”。这就是拾遗补阙的过程。对我而言，这个过程我会通过更多的信息检索来实现，也包括打电话到公司去询问。有些时候我分析一家公司时，我认为有些问题很重要，但找不到答案，我就会选择放弃这家公司。

第六个关键点是“写故事”。这也是我一直以来的做法。过去这几年，我在我的微信公众号分享了对很多公司的分析，采用的就是这种方式。

很多读者喜欢我的“公司分析连续剧”，但最早我用这种方式写，其实不全是为了吸引读者。而是因为我发现，分析公司、得出结论的这个过程——这个“沉浸式”的过程，就像前面说的，它就像欣赏一部电影。电影里面，有些部分很精彩，有些部分很普通；有些结局是美好的，有些结局是开放式的，让人回味无穷。

说到底，“写故事”这种形式，本身保证了一件事情——你可以把这个故事“讲圆了”。这一点很重要！一个自己都讲不圆的投资机会，一定是一个自己没想明白的投资机会。

关于如何巩固、扩展自己的能力圈这个话题，我之所以选择上面这一段展开，在于这一段是相对完善的。不过，其实巴菲特在历届股东大会上还有几次关于如何研究企业的分享，我们按照时间顺序来看看。

首先是在1996年股东大会上回答提问时，他说了两段本身相关联的话，第一段话是：

> 假如我想买一家公司的股票，我希望能知道它的市场份额、利润、利润变化趋势等所有东西。除非我知道这个行业的其他公司都在干什么，否则我不可能成为一个聪明的所有者。

这一段，就是所谓“全面、深度了解”的典型。要投资一家公司，我们就要尽可能多地知道这家公司的一切，当然，也包含了公司经营所处的外部环境。

第二段话是：

> 我们读一份年报需要45分钟到1小时，研究企业的方法就是吸收关于这家企业的信息，判断哪些信息有用，哪些信息没用，将孤立的点连接起来，这就是研究企业。

我认为，这段话的关键点有两个：第一个，如果一家企业通过了你的初筛标准，接下来，就是认真地读与它有关的一切内容。年报是其中“当仁不让”的部分，这是必读的，而且是要投入时间的。巴菲特读一份——我猜是很认真的那种读法——都需要45分钟到1小时。拿我自己来举例，我分析一家公司的时候，是一定会把这家公司的招股说明书、上市以来所有的年报和重要披露信息都看一遍的。

形成、完善自己的分析框架

第二个关键点是：光是获取信息不行，要试着把所有的信息串起来。这里我需要岔开说一个话题。有时候会有读者留言问我：我们看的都是一样的材料，怎么我就想不出你说的这些内容呢？我觉得要具备这种根据原始信息提出独立观点（当然，我们希望这些观点是高质量的）的能力，关键之一在于你要有自己的分析框架。

举个例子，段永平先生说的“好生意、好文化、好价格”，就是个大的框架。再比如，如果你在我的微信公众号后台发送“投资体系”，推送的那篇文章就是我的投资体系，包含了几个相互关联的环节。由于内容太多，就不在本书详述了，有兴趣的读者可以自行查阅。

有了自己的分析框架以后，你在分析一家公司的时候，就知道先看什么、再看什么、那些内容通常意味着什么。比如，我会先根据自己的选股标准筛选分析对象；然后，我会对这家公司的历史关键数据做分析，看看有没有什么有意思的地方；接着，我会去试着判断这个生意的性质；再接下来，去看公司的竞争优势，就这样一步步走下去。

这个过程，你们会在我分析公司的系列文章中反复地看到，而且，如果你有心、有意的话，这个过程是可以学习的。经过几年的分享，我已经明显感觉到有些读者已经能够自己独立分析公司了。

等你初步形成自己的分析框架以后，接下来，就是两方面的任务：一方面，运用自己的分析框架尽量多看公司。随着你看的公司越来越多，你会越来越熟练，得出判断的速度也会越来越快。另一方面，根据自己分析的感触以及日常的阅读，反向修正自己的投资分析框架。其实道理就这么多，接下来就看你们怎么做了。我过往的公司分析都发送在我的微信公众号，在后台输入你感兴趣的公司的名字，就能找到相应的文章。

我们看巴菲特讲“如何分析企业”，在1999年股东大会的问答中巴菲特说了这么几句话：

如果我重新开始，我对保险行业一无所知，而我想掌握一些专业知识，我会阅读周围每家财产保险公司的报告。

如果你能找到一个对这个行业很了解的人，而且他愿意花时间和你谈谈，这可能会缩短你的学习时间。

不得不说，看巴菲特和芒格的东西，有一个非常好的方面，就是你不会遇到很多“惊吓”。他们讲了几十年的内容，就是那些东西，一致性非常高。你看在这几句，巴菲特又讲了“阅读周围每家财产保险公司的报告”，这个我们前面已经说过了。

同时，在这里巴菲特也多讲了一种方法，就是“找人聊”。但是根据我的感受，对于我们普通人而言，我觉得这一点很难。了解我的读者可能会觉得奇怪——毕竟因为我的职业（管理咨询顾问），我可以了解到很多公司的信息，那我为什么会说这种方式很难呢？

普通投资者很难通过“找人聊”掌握信息

我认为这种“找人聊以巩固、扩展能力圈”的方式对我们普通投资者来说很难，最突出的一个原因——或者说难点——就是：你去哪里找这样的人呢？根据我的观察，大多数人——哪怕他们在你感兴趣的那家公司工作多年，都很难讲出关于这家公司投资价值的内容，因为很少有人会从投资的角度去思考问题。

哪怕你并不指望他们能告诉你一些关于公司投资价值的高质量内容，比如，你只是想了解一些基础的信息，但是，由于每个人的视角不同、经验不同，他的答案仍然可能会和客观事实有很大距离。

我个人过往的经验是，如果投资一家公司时，我遇到一些想不明白的事情，我会打电话到公司投资者关系部门询问（年报里面就有联系方式），但总体来说，我的感受是通常情况下，这种方式只能是一些细小信息的来源，而关于公司的投资价值，他们其实提供不了太多有深度的看法。

综合上面这些因素和经验，我认为总的来说，普通人还是通过公开渠道了解信息，辅以找“业内人士”去询问验证比较好。

用坚实的理论支撑自己的投资判断

我们继续看巴菲特关于“如何分析公司”的分享，同年（1999年），巴菲特在股东大会回答提问时还说了这么几句话：

如果你想变得聪明，你必须不断问的问题是：为什么？为什么？为什么？

你必须把答案和深层理论联系起来，你必须知道主要的理论。这有点费力，但也很有趣。

这几句话其实很重要，但很容易被人忽视。对于这几句话我有一些个人的思考和感悟分享：

我们普通人做投资的时候，很容易被一些很肤浅的东西“卡住”。举个例子，最常见的就是“这公司股价最近一直在涨，所以我觉得还会持续一段时间”。在这方面稍微好一些的可能会说，

“这公司过去ROE一直不错，所以未来应该也可以持续”。

上述看法的主要问题，可以映射到巴菲特说的这句话，“你必须把答案和深层理论联系起来”。在这一点上，上面两种说法或者说思维方式是明显有问题的。它们都是简单的逻辑链接，准确地说，是最简单的线性推演。

换个角度说，在做投资相关的判断时，你的判断一定要有背后的逻辑，要有强大的、靠谱的理论支撑。我举个例子，我们说腾讯的竞争力强大，原因之一就是“即时通信是一个高质量的赛道”，而这个判断的背后，涉及人类的需求理论，涉及“精力心血投入会提高质量”，涉及“技术进步只会带来更密集的沟通”等基础理论。这些理论中有心理学的内容，有常识，有自然科学的内容。如果你懂这些知识和理论，你会觉得它们很基础；但如果你不知道这些，那确实理解不了上述这个判断的内涵和可靠程度。

所以，广泛阅读和思考很重要。芒格说，我们要有多学科的知识，并且有把它们当作工具随心组合使用的习惯。我觉得很对。

确定性

前文说的这些，就是巴菲特关于“全面、深度了解”的内容了。接下来的问题是：做上述事情的终点或者说目的是什么呢？答案就是：找到确定性。但是，这个“确定性”听起来有点虚，它具体是指什么呢？

关于这个问题，巴菲特在1997年股东大会的问答中给出了一个很具体的例子。

人们在选择吃的东西方面更易变。你可能会喜欢麦当劳，但下次你可能会去不同的餐厅吃饭，这在很大程度上取决于你饿的时候看到了什么。

与此相反，人们一旦开始使用吉列剃须刀刮胡子，就不太可能会改用其他产品。在使用吉列的顾客中，有很高比例的人都对产品感到满意，并且它还不贵。

软饮料行业绝不会出现第二个可口可乐，这家公司取得现在的地位花了100多年。在不可战胜性方面，我觉得麦当劳和可口可乐不是一个级别的。

我们不妨仔细想想，巴菲特这段描述真的很有道理。我们对餐馆的选择，很多时候是随意的，影响你决策的因素可能有地理位置、价格、当天的心情、昨天吃了什么、今天跟谁一起吃……这里面有太多影响因素了，很多因素还是偶然的。有些时候，你甚至只是跟着感觉走。

选择吃什么这个事情，我真的是深有体会。身为一个城市写字楼里的打工人，每天午饭吃什么，通常是同事们下到一楼、卡在大堂的主要原因——大家面面相觑，然后互相问："今天吃什么呢？”

但是，有一些产品被消费者选择的确定性，简直可以高到令人震惊。拿我自己来举例，比如剃须刀，自从我用剃须刀这个产品，我真的只买过吉列的，我甚至没想过要换个牌子！最早我用的是那种两层刀片的，后来用了锋速3，感觉真好用。现在，我换了锋隐5，贵是真贵，但实在架不住这产品好用啊！

如果以这个视角，相比吉列，可口可乐的力量会弱一些，毕竟有很多可选替代品，尤其是在倡导“健康”的现在，可乐是被很多人从饮品名单上“屏蔽”的。

关于可乐还有一些有意思的个人经历分享。我上学的时候，喜欢喝可乐，毕业后有几年，因为感觉可乐不健康，就有意识地少喝，但如今随着年龄渐长，有时候我的心理就很简单：我都这么累了，喝点可乐开心一下，天会塌下来吗？

所以，你说什么是确定性？男人们会继续用吉列剃须刀，人们会继续喝可乐，这就是确定性。

确定性很重要，但有程度高低之分

从上述例子中，我们能感受到，确定性有程度上的高低。我们说不同的投资标的有确定性的时候，并不意味着这种确定性是一样强的。对于这一点，巴菲特在1994年股东大会的问答中曾经明确地说过：

只有在我们对所有的问题都很确定之后，我们才会对一家企业感兴趣，但确定有不同的程度。

细品这句话，我们就能听出巴菲特的意思是：选择投资标的，是有一个“门槛”的，越过了这个“门槛”的公司，才会进入后面的环节。这个门槛，就是这种确定性是不是让你觉得满意。而越过门槛之后，并不意味着所有公司都有一样的“分量”，确定性还是有差异的。这也是我选择现有投资资金分配模式的原因之一。具体来说，我每年会在感兴趣的公司年报出来后，对每一家公司的确定性赋予一定的权重，然后将当年预计可投入股市的资金按照权重进行分配。具体的方式如果读者们感兴趣，可以在我的微信公众号后台回复“交易”，找到编号为1的那篇文章就是了。

那么，这个“确定性”在巴菲特和芒格的投资体系里有多重要呢？巴菲特在1994年股东大会的问答中还有这么一段话：

我们寻找的是非常高的确定性——我们可以在一段时间内看到这些现金流，然后再将其贴现。我们更关心的是这些现金流的确定性，而不是一个我们对未来现金流没有很大信心但看起来很便宜的公司，这就是内在价值的本质。

这段话对确定性的重要性做了很好的概括。在巴菲特的体系里，确定性是投资一家公司的前提。再说得具体一点，能否在某种程度上“预估”一家公司未来的自由现金流，这是巴菲特投资一家公司的前提。

找到确定性的方式：熟能生巧

这个话题说到这里，估计很多读者已经在想了：想要获得这种“确定性”，有什么捷径吗？坏消息是没有捷径；好消息是还是有办法的。如果你想像巴菲特一样，不仅可以找到“确定性”，而且可以很快地判断出一家公司是否具备足够的确定性，就要看看巴菲特在1997年股东大会上说的这些话：

如果你已经从事生意研究40多年了，就像你每天都在研究棒球运动员一样，过一段时间，你就会认识所有的球员。

随着时间的推移，我在脑海中形成了一系列的筛选标准。我不认为它们是完美的筛选标准，但它们非常高效。它们的效果就像我们花了几个月的时间聘请专家做事情一样好，所以我们真的可以在5分钟内告诉你我们是否对某个交易感兴趣。

巴菲特告诉我们，要想判断一家公司是否拥有足够的确定性，没有什么神秘的方法，其实就是“熟能生巧”。如果你持续投入时间、精力去研究公司，慢慢地，你对各种类型的公司都会越来越熟悉。更重要的是，你会慢慢形成一些自己的标准。

上面我说的这些标准，不全是纸面上、口头上简单的那些，比如毛利率要大于20%。而是你通过自己的“亲身体会”，得出的一些“顿悟”。

这么说会显得比较抽象，我还是拿毛利率来举例。如果你看了一个行业里的大多数公司，再加上一点对“做生意”这件事情的理解，你就会明白在同一个行业里类似经营模式的背景下，如果两家公司能有5个点毛利率的差距，则意味着这两家公司有巨大的不同。

也是同样的道理，如果你看过很多不同的行业，在同一个大行业里，比如消费品，不同子行业之间可能有20%以上的毛利率差距，看到这些，你就会慢慢明白为什么我们说有些生意是“天生的好生意”。

跨过某个门槛后，很难对比好公司

上述这种行业间、行业内的对比，这种因为“阅司无数”带来的敏锐感觉，会让我们的投资难度越来越低。如果我们能坚持这样做，就会向着巴菲特上述“5分钟内告诉你我们是否对某个交易感兴趣”的方向越靠越近。巴菲特在1995年股东大会的问答中就详细描述过这种“境界”：

查理和我在阅读一家企业的资料时，总是会将其与别的几十家企业相比较。我们已经习惯成自然了。这就像棒球球探考虑两个运动员对抗时会怎么样，“A可能更快，B可以打得更好”之类的事情，你的脑海中总是在以某种方式排序和选择。

我觉得最好的方式莫过于大量阅读。如果你每年读几百份年报而且读过格雷厄姆和费雪等人的书，那么很快你就能看出你面前的企业是好是坏了。

我认为看完巴菲特上面这些话，需要我们引起重视的是：我们很容易会觉得，“A公司比B公司更好”，但具体什么是“好”，具体“好”了多少，这其实是一件没那么“非黑即白或1+1=2”的事情。更多情况下，我们会碰到的是巴菲特上述的场景——“A可能更快，B可以打得更好”，即两个优点处于不同维度的公司，如果你想去对比得出哪家公司更有投资价值的话，在大多数情况下，你得出的应该是一种模糊的结论。

说得再直白一些，上述言论意味着什么呢？我认为这意味着对于同一层面的公司，是很难做出明确的对比结论的。

举个例子，我过去分析过的认为值得投资的那些公司都是好公司，它们确实有差异，但更多的是在某个角度的差异。比如，格力的主业空间看起来更受限，但报表体系反映的商业模式更好——大量预收和应付；而海康威视的主业空间更有想象力，但并没有大量的预收款。

就格力和海康这两家公司而言，我认为它们都是优秀的、在合适的价格时都具有投资价值。如果你一定要让我在它们之间做出选择，我认为这是一件难度很高的事情，超出了我的能力。但是，如果你让我在格力和大多数其他电器公司之间做选择，或者让我在海康和其他安防服务方案公司间做选择，我有很大的把握可以说，两个前者都是更有投资价值的。

总的来说，我认为在优秀公司间做选择很难，更确切地说，对优秀公司做出对比和选择是一件看起来容易，其实风险四伏的事情，至少对大多数普通投资者来说是这样的。因为首先公司的选择就很难，其次我们投资时，还需要考虑价格的问题，所以那么多的人调仓失败，也就不奇怪了。这也是我一旦买入某家公司，就很少去冲动地调整的原因。耐心等待更清楚的结论和时机出现，这种方式更适合我，可能也更适合大多数普通投资者。

3 个彩蛋

到这里，“看得懂”的主体部分就讲完了。关于这部分内容，我在整理的过程中发现巴菲特和芒格的回答中还有3个彩蛋，每一个都是价值连城的建议，因此也一起展示给各位读者。

尽可能看得远

第一个彩蛋：在理解了“看10年”的重要性以后，很多人会明白，算出10年后公司大致能赚多少钱，就是判断一家公司投资价值的精髓。但是，很少有人会思考一个问题：当我们看一家公司的时候，我们应该“看多久”呢?

这个问题的背后隐藏着一个看似废话，但仔细想会发现有“直抵本质”大智慧的判断。在2003年的股东大会上，股东和巴菲特之间有一段这样的对话。

股东：一般来说，你认为你了解的公司，你能展望多远的未来？是5年、10年？还是你真的认为可以用永续增长率来计算企业价值?

巴菲特：我们想要的是一家我们认为将在未来几十年会拥有某种竞争优势的企业（如果运营良好的话）。我们想拥有一些不仅现在好，而且会一直好下去的东西，所以，我们尝试尽可能看得远。

上述巴菲特的最后一句，就是这第一个彩蛋——“我们尝试尽可能看得远”。巴菲特没有说，“你能看5年或者10年，这就够了”，他把这个问题拔高了一个层次。他想告诉我们的是：买股票就是买公司，既然是买公司，就要买那种能赚大钱的公司。能赚大钱，其实有两个维度，一个是单一年度能赚多少，一个是能赚多少年，而后一个维度，就是这个彩蛋的精髓。

企业就像人，是有寿命的。虽然没有人有那么精准的生理寿命上限，但我们也都知道能活得久的企业凤毛麟角。再拿人来比喻，在活得久的人里，还能活得健康、有高产出并且幸福快乐的人就更少了。

所以，这个彩蛋对我们的启示是：选公司时，不要“满足于”公司能活10年，我们能大致算出10年后的盈利就行了。更好的做法是，试着把眼光放长远，去想想这家公司长远存活的可能性以及高质量存活的可能性。

当然，上述要求很高，受制于各种客观条件普通人也很难做到，但这绝对是值得的。因为，在我们一生的投资生涯中，能找到两三家这样的公司，就足够我们发财了，而且是舒舒服服、不用担惊受怕的那种发财方式。

宏观分析帮助不大

第二个彩蛋是关于宏观分析的。关于“用宏观分析来支撑投资公司的结论是否合适”这个话题，很多成熟的投资者也会纠结，因为直观上，宏观分析对投资判断有用看起来太“合理”了。比如，人口出生率下滑，难道不会让房地产公司的投资价值下降吗？

我们还是先来看看巴菲特是怎么说的吧。下面这一段，来自2005年股东大会上巴菲特回答提问时的说法：

我们考虑更多的是人们是否会继续吃糖果，我们是否可以在明年提价，等等。我们不做宏观趋势上的研究，我们不考虑人口趋势或任何类似的东西。

我上学的时候觉得自己会的东西很多，觉得自己还是不错的。后来进入社会以后，随着自己阅历增加、读书变多，再加上投资极大地开阔了我的视野，我慢慢得出了一个结论：

我是一个很普通的人，换个角度说，我弄不清楚的东西实在太多，多到我都不知道有多少。这不是悲观，更不是摆烂，这是客观事实。但我很庆幸的是，我知道了这些，反而让我可以更好地做投资。因为，从很多投资大师那里确认“宏观经济并不能让我投资得更好”这一观点以后，我就不去做这种尝试了，反而少走了很多弯路。

至于为什么宏观经济分析对投资不会有太大的帮助，原因是这样的：首先，宏观经济当然会影响一家公司的经营，这是个正确的判断。但是，这里有两个问题，第一个问题是宏观经济分析的准确性。截至目前，对于宏观经济的预判经济学家是各执一词，没有谁能一直说对的、说全面的；哪怕是对经济现象的解读和分析，经济学家也不一定能互相说服对方。因为经济学不是非此即彼的自然科学，而是一门社会科学，是一种解释性框架，每个流派都是在自己的框架内解释经济现象，各有各的道理。因此，对于我们这些外行人来说，要说能有深刻的洞见，我对此持怀疑态度。

关于进行宏观经济分析以开展投资的第二个问题是：就算你攻克了经济学难解释、难预测的这个未解难题，即你对于宏观经济的解读和预判都是对的，但接下来，判断上述内容如何影响你投资的公司、影响力度有多大，这就又是一个几乎不可能完成的任务，因为从宏观经济到一家公司的经营，中间有太多的变量和影响方式。

看到这里，如果你还是坚持认为你能通过对宏观经济趋势的分析做好投资，那你需要问自己一个问题：通过这种方式赚钱的人——我说的是持续赚钱的人，目前来看实在不多（其实我根本不知道有这样的人），而你真的是那个天选之子吗？

关于投资的很多思考，说穿了只是一些基本的常识，可惜坚守常识需要平常心，而平常人很难有平常心，所以投资就变得很难了。

护城河还在，城没了，怎么办？

第三个彩蛋是关于护城河的。在我写下这些文字的时候正是投资人广泛关心政策方向的时候（2022年初），当时投资人担心很多问题，例如，有关监管和行业政策，我想读者们应该记忆犹新（为了让读者身临其境地感受当时的心情，下文还以当时的口吻开展）。

现在很多人质疑：在如今的环境，做投资真的有必要吗？比如，某些行业发生的“护城河还在，城没了”这种事情，我们要怎么看待呢？所谓“过的桥比走的路还多”，在投资界摸爬滚打大半个世纪，巴菲特和芒格也遇到过类似的场景，并有自己的宝贵经验，我们来看看巴菲特2005年在股东大会问答中的这些话：

如果有些事情很重要但又不可知，那就算了吧，比如明天是否有人会投下核武器。

专注于业务和投资决策时，你要努力思考，把它缩小到那些可知的、重要的事项，然后你需要决定你是否拥有足够有价值的信息——与价格等相比——这将促使你采取行动。

读者们可能不知道，巴菲特和芒格在漫长的历史中说过好几次，人类不发生核战争的可能性是不大的。如果按照我们当时担心的逻辑来看，他们为什么还要做投资呢？如果真的有那一天（核战争），钱还有任何意义吗？

我认为巴菲特这段在2005年讲的话，放到现在看，简直可以用“警世通言”来形容。其核心观点是：忽略那些重要但不可知的事情，缩小你的思考范围，聚焦到可知、重要的事物上。这样做的原因在于不是前者不重要，而是既然它们“不可知”，那么你再怎么努力、焦虑，也是徒劳的。

其实仔细想想，投资是这样，人生不也是这样吗？你我明明知道，每时每刻我们都有遇到意外的风险，但我们还是在义无反顾地生活，并且努力生活得更好。这也是我面对目前状况的基本态度，与读者们共勉。

第三节　企业文化

本书行文到这里，我们来整理一下思路：关于“选公司”，我们先了解了“好坏生意”；然后说了投资重要的是“看得懂”；接下来，我们来看看“选公司”的最后一个部分——企业文化。

巴菲特和段永平的“分歧”

我在认真阅读段永平的投资问答录之前，其实对企业文化这个事情并不重视，主要原因是巴菲特对于企业文化说得不多，倒是对于管理层这个话题有众多的评判。后来，我看了段永平对企业文化以及企业文化在投资中的重要性的解读，不免要思考一个问题：

为什么巴菲特很少说企业文化，却经常说管理层呢？难道他不重视企业文化吗？后来，我在2005年股东大会的问答中看到了巴菲特说过这么一句话：

董事会的工作是找到合适的CEO，防止CEO越权。

通常来说，如果一家公司有好的企业文化，那么这家公司在很大概率上会有好的董事会，而好的董事会会找到符合好企业文化的管理层，并持续监督管理层的履职情况，这就是好的企业文化和好的管理层之间的内在逻辑关系。

换句话说，企业文化在一家公司的渗透，一定是自上往下的——从创始人到董事会再到管理层。我们看到的管理层的所作所为，就是公司企业文化的外显表现。在这样的背景下，我们再来看看巴菲特对管理层要求的表述（引自1998年股东大会）：

我每年会读上百篇自认为可以理解的公司的财报。从中我会看管理层是否告诉了我们想知道的事情。

如果一个管理层确实告诉了我这些事情，而且是坦率的——就像一个子公司的管理层对我们坦诚一样，用我们能理解的语言交流，这肯定会改善我们对投资这家企业的态度。如果情况反过来，我看到的是一些公共关系的官样文章，比如我看到很多精美的图片，但没有事实，就会影响我对企业的态度。

当我读完年报后，我希望比拿起报告时更好地了解公司业务，这对管理层来说并不难，如果他们想这么做的话。如果他们不想这么做，我们认为这是决定我们是否想成为他们10年左右的伴侣的一个因素。

在上面这长长的几段中，巴菲特明确地告诉我们，要找那种对股东坦诚的管理层。关于这几段，我有几点感受分享。

第一点，管理层向股东坦诚地汇报工作，是他们应有的责任。为什么这么说呢？企业本身就是由股东发起的，管理层则是股东雇来帮忙的“管家”。但是，上市公司小股东股权少，因此对管理层做不到足够控制，如果没有足够强势的大股东，有可能出现管理层“翻身做了主人”的局面。虽然存在这种现象，但这并不能改变“管理层有义务向股东坦诚汇报经营情况”的本质。

第二点，我们通常觉得，上述说法是理论上的。如果现实中企业的管理层就是不这样做，或者说愿意这样做的管理层凤毛麟角，那么我们普通投资者该怎么办呢？

很简单，我们尽量找那种愿意这么做的管理层所在的公司去投资。地位强大如巴菲特，他也不会选择强行影响管理层。巴菲特选择收购目标的条件之一就是有现成的德才兼备的管理层，他很少接受一个管理层的状况一般的公司并试图改变管理层。事实上，巴菲特最不相信自己能做到的事情就是改变别人。

我认为，巴菲特的做法也应该是我们的选择，即如果我们发现一家公司的管理层并不想让我们了解公司的经营情况，那考虑不要投资这样的公司就是了。

第三点，上述内容讲完，我们就遇到了一个难题：难道只要一家公司披露的信息让我们不能详细了解公司，我们就不投资它了吗？换句话说，这是一个“一票否决因素”吗？上述摘录中巴菲特的最后一句就是在回答这个问题，他明确地告诉我们这一点（披露信息达不到高质量）是“一个（影响）因素”。换句话说，管理层是否把“和股东坦诚沟通”放到最高优先级，并不是决定投资一家公司的必要条件。

管理层和企业文化的关系

上述内容，我们初步厘清了企业文化和管理层的关系，那么，在管理层身上，我们最应该关注的东西到底是什么呢？巴菲特在2016年股东大会问答中给出了一个明确的答案：

我们希望管理层每天都琢磨怎么增强竞争力、加宽护城河，我们希望产品更好、成本更低。我们希望了解客户需要我们做什么，日复一日、年复一年，只要我们让客户满意，客户就会给我们带来生意。

有时候，我们会受到外部大环境的冲击，这个我们左右不了，那就不做这个生意了。我们没想着要把竞争对手置于死地。我们只是追求无论做什么，都做到最好。

我认为上面这两段进一步把企业文化和管理层串了起来，也给了我们明确的思考角度。

首先，我们最想要的管理层是什么样的呢？我们都清楚股东雇用管理层是为了给股东赚钱、赚大钱。那么，企业要怎样才能赚大钱呢？企业要有强大的竞争优势。那最好的管理层是什么样的呢？当然是要持续思考如何增强企业的竞争优势——也就是护城河——的管理层了。

其次，什么样的竞争优势才是真正的竞争优势？我们通常说的品牌、低成本、网络效应等，这些其实只是竞争优势的表象，或者说，是竞争优势的一些表现形式。竞争优势最核心的本质，其实也就是一家企业存在的理由，那就是：很好地满足客户需求。

读者们不妨仔细想想，不就是这样吗？那些强大的公司，它们没有一家不是很好地满足了我们某些需求的，不管这种需求是更高的质量、更快的速度或是更好的服务。

所以，最好的管理层，一定是能意识到这一点的。用户/消费者的需求，才是企业管理层最应该关注的。管理层所能做的最有价值的工作，就是想方设法长久地、很好地满足消费者的需求。而这就是好的企业文化的关键所在了：消费者导向。

最后，管理层一定要能做到“心无旁骛”。很多管理层会迷失在“打败竞争对手”或“成为行业第一”这样的邪道上。之所以说这是“邪道”，是因为它本末倒置了。就算一家企业把所有竞争对手都打败，但如果没能很好地满足消费者的需求，那一定赚不到什么钱，甚至活不下去，因为总会有其他公司冒出来，满足消费者需求的。

太多的企业管理层没有意识到这一点，他们被自己的雄心和外界的怂恿蒙蔽了心智，一心只想证明自己。更多的管理层，他们确实知道了这一点，却仍然不能摆脱“干掉竞争对手”、享受外界关注的诱惑。当然，也有很多的管理层，虽然他们内心很清楚这一点，但他们不在乎。

不管属于上述哪种情况，如果管理层不能做到“眼光向外、用户导向”，一旦他们开始眼光向内，“球技”就不重要了，“记分系统”就成了他们关注的重点。这来自巴菲特一个经典的比喻：投资要成功，你得盯着球、提高球技，盯着记分牌是没有任何作用的。投资是如此，我认为这个道理对于管理者管理公司也是一样的。

两个管理层“走火入魔”的征兆

管理层过分关注“记分牌”

如果管理层偏离了“消费者导向”的正道，进入了关注“记分牌”的歧途，这时候，我们往往会看到两类典型表现。第一类表现是：管理层明显开始考虑如何让自己的表现“看起来”好一些。对于这一类征兆，巴菲特在1994年股东大会的问答中说了下面一段话：

我们认为，管理层把注意力放在会计政策上是一个负面因素，但我们发现这种情况如此之普遍，以致我们不能把这个负面因素列为一票否决指标。

巴菲特这段话包含了两部分，在第一部分中，他明确地告诉我们：如果管理层的注意力集中在会计政策上，而不是集中在满足用户需求上，这就是一个明确的负面因素。这表明，不管是不懂、不愿还是不能（如前文所述）践行“眼光向外、用户导向”的正道，总之管理层已经偏离了企业存在价值的正道，进入了“修改比分”的歪门邪道了。

而这段话的第二部分也就是后半部分，看了让人唏嘘，也让人无奈。现实世界中，绝大多数管理者做不到心无旁骛地“眼光向外、用户导向”，在表现不佳的时候，有太多管理层想要去美化报表。在这一点上，关于好的管理层是什么样的，巴菲特也在1994年股东大会的问答中说了自己的看法：

如果管理层不关心会计政策，却能清楚地解释公司在做什么，这就是一个积极的因素。

这段话把前文讲过的两个因素结合了起来——这样的管理层，不忘自己“股东管家”的定位，并且会坦诚地讲解公司的情况，而会计只是讲解的方式之一。

管理层过于关注股价市值是危险信号

管理层“走火入魔”的第二种常见表现，可以从巴菲特在2004年股东大会的问答中的一段话看出端倪。

查理和我倾向于关注管理层在公开场合做的与投资者相关的事情，以及他们给出的承诺。例如，我一直怀疑那些把所有关注点放在股价上的公司。我想，你只需要从同事、出版物、领导人的声明中，从他们向外界展示的文化中获取一些信息。

所以这第二类表现，就是管理层开始把大量的注意力聚焦在股价上。对于这类管理层而言，他们同样偏离了“眼光向外、用户导向”的原则，只不过他们关注的计分系统，从会计政策转到了股价而已。

要说明的是，很多时候，“走火入魔”的管理层是会同时关注会计政策和股价的，毕竟其背后的原因是一样的——他们关注的只是自己的切身利益，而不是公司真正的强健程度。

巴菲特的“小九九”

关于企业文化和管理层这个话题，巴菲特还有一个做法是我们习以为常的，但如果仔细想想，这是个很有深意的做法。它是什么呢？

我们都知道巴菲特在收购公司时，标准之一是：该公司已经有他喜欢的管理层。我们可能会以为，巴菲特这样做是图省事。我认为其中确实有图省事的因素，但这么做背后的原因耐人寻味——毕竟好的管理层虽然少，但也不是找不来的吧？

那么，巴菲特要求所收购公司已经有优秀管理层，背后是否有更深层的原因呢？如果有的话，这个原因是什么呢？巴菲特在2009年股东大会的问答中的一段话，蕴藏着这个问题的答案。

> 我认为围绕一种文化建立一个新的公司，比改变一个现有公司的文化要容易得多。对于任何试图改变它的人来说，我认为文化基本上会拒绝他。当初在所罗门的时候，我试图在某些方面改变文化，但我不会在结果方面给自己打A⁺。

我经常跟读者们说，一家公司就像一个人，一家公司的企业文化就像一个人的性格。我们中国人有句老话，“江山易改，本性难移”，一家公司的企业文化想要自行发生重大改变——尤其是向着好的方向改变，也是很困难的。

读者们应该还记得前面我们说过，好的企业文化，会选出好的管理层。所以，我认为巴菲特之所以要求所投资的公司已经拥有好的管理层，在某种程度上，是他通过对管理层的筛选，间接完成了对企业文化的筛选。换句话说，如果一家公司的企业文化不好，巴菲特是不会考虑的。之所以相比于管理层，他更少提及对企业文化的要求，是因为他把企业文化这个“虚无缥缈”的因素，具体到了管理层是否“诚实且为股东长远利益着想”（honest and competent）这个更具体的表现上面了。

行文到了这里，我们再来小结一下：在本书中，我对巴菲特和芒格在伯克希尔股东大会问答中的精华进行了整理和总结，第一大部分“选公司”已经讲完了，包含了三个内容——“好坏生意”“看得懂”和“企业文化”。

从投资流程的角度来看，“选公司”是我们要做的第一步，选出真正的好公司之后，我们需要做第二件事情，也就是本书的第二大部分——“估值”，具体来说，这部分要回答的关键问题是：如何判断一家公司值多少钱？在这个过程中，有哪些关键点呢？我们接下来继续看。

第二章

步骤 2:
如何估值

第一节　估值的因素

关于一家公司值多少钱，巴菲特在2003年股东大会相对完整地阐述了他的观点：

任何金融资产的内在价值，就是从现在到审判日这段时间产生的现金流，在所有不同资产之间以一个相同的利率进行折现。石油开采权、农场、公寓、股权、商业公司……甚至一个柠檬水摊位，都是如此。你必须决定哪种业务你认为你可以理解得足够好，从而做出某种合理的计算。

它不是科学的，但它的确具有内在价值。计算是模糊的这一事实，并不意味着这不是思考问题的正确方式。当我们购买任何东西时，我们试图展望未来，并问自己：随着时间的推移，这项业务能产生多少现金？我们对此有多大的把握？购买价格与此相比如何？如果我们觉得得到了一个数字——我们必须对我们的预测感觉相当好——但一般不会感到那么完美，因为没人确切地知道答案。

任何资产的内在价值，都是这个资产未来所有自由现金流的折现，这是学术上无比正确的内容，就像“1+1=2”一样确定。但是，这个方式（自由现金流折现）的难点或者说关键有两个。

估值的两大关键

“未来的自由现金流”如何确定

自由现金流折现的第一个难点是：“未来的自由现金流”如何确定？真实的商业世界是高度不确定的，充满了变数和起伏，不要说预测一家公司未来的现金流了；前文曾经说过，一家公司10年后还在不在，都需要打上一个大大的问号。

上述摘录中，大部分内容在讲这个观点，其中有很多是我们耳熟能详的，比如，选取你能理解的生意，内在价值是模糊的/没有完美答案，关键在于理解生意和预测未来的现金流，一定要对自己的预测感觉很好，等等。

要解决“未来自由现金流难以确定”这个难点，我们在前面的“选公司”部分，已经做了大量阐述，建议读者们时不时回头看看，结合持续分析公司和独立思考，相信会常看常新。

自由现金流折现的第二个难点是：折现率如何选取？其实这个

“难点”，我觉得叫关键点会更合适，这也是很有意思的一个点。因为关于“折现率的选择”这个话题，巴菲特历史上的表述是“前后矛盾”的，其背后的原因值得玩味。这一部分内容，我们会在后面再提到。

再全面看一遍估值

在这里，我们再来看几段巴菲特对于“估值”的完整描述，以加深对“如何给公司估值”这个话题的理解。下面这些话来自1999年股东大会上巴菲特的回答：

我们用国债利率折现，得到一个价格，这个价格就是正确的。用国债利率只是为了获得跨时间和跨公司的可比性。从马蹄铁公司赚到的一美元，和从互联网公司赚到的一美元是一样的，一美元就是一美元。

护城河、管理层，是估值过程的一部分，它们会进入我的思维，反映在我们对未来预期现金流的数量有多大的确定性上。估值是一门艺术，公式反而是简单的。

举个例子，假如我们在为口香糖生意估值，请选择一个你认为的口香糖销量增长的数字——它很可能在未来10年或20年都将增长。请告诉我，你对箭牌（口香糖品牌）的定价灵活性有多高的预期？箭牌市场份额大幅下降的风险有多大？类似这些就是我们一直在做的。

也就是说，我们要评估护城河，我们要评估价格弹性，因为它与护城河以某种方式相互作用。我们要评估未来需求变化的可能性，我们要评估管理层是会非常聪明地使用赚来的资金，还是会愚蠢地使用现金的可能性。

所有这些都进入了我们对未来现金流的评估。而投资的效果，将取决于未来10年或20年这家公司的现金流的发展情况。

巴菲特这一段的关键点之一是“不同公司赚的钱，本身没有什么不同”。用他的原话说，“从马蹄铁公司赚到的一美元，和从互联网公司赚到的一美元是一样的”。赚到的钱是结果，这是没区别的，但是赚钱的过程以及赚到钱的可能性是有区别的，这就是生意的差别。

上面巴菲特这些话论述的主要内容，还是“投资者必须理解生意”。拿他举的例子来看，口香糖的销量会如何增长，公司的市场份额会往哪个方向发展，公司产品的定价会如何变化，诸如此类的判断，才是我们做估值的核心。

在做这些事情的时候，我们会用到护城河，因为竞争优势对上述问题会有方向性的影响。同时，我们需要评估管理层，因为管理层的决策既会影响短期业绩，也会改变竞争优势。但归根结底，还是回到那句话上：买股票就是买公司，买公司就是买未来的自由现金流折现。

如何看待市盈率

说到估值，经常会用到市盈率、市净率等指标，尤其是市盈率使用得非常频繁。于是关于估值就有一个有意思的问题：既然“自由现金流折现”是判断一家公司内在价值的绝对标准，那我们经常用的指标，比如市盈率，在巴菲特那里是个什么地位呢？

对于这个问题，巴菲特在2002年股东大会的问答中给出了明确的答案：

我不会去寻找像市盈率这样的单一指标来决定投资什么。你需要寻找你真正了解的公司，并且是那些你可以在很长一段时间看到有现金产出的公司。然后，如果你能以大幅低于其现金折现价值的价格买到它，那就够了，这和其从事什么生意没有任何关系。

在这一段回复中，巴菲特旗帜鲜明地告诉我们，用市盈率这样的单一指标是无法决定投资什么的。然后，他再一次清楚地告诉我们，没有所谓的估值捷径。能否投资一家公司，取决于你能否看到它未来的自由现金流，这是最关键的。最后，他又强调了一次，钱就是钱，什么公司赚来的都是钱，没有不同。而关于估值最关键的问题永远是：你能确定某家公司未来赚多少钱吗？

这是一个看起来简单的问题，但这个问题几乎凝聚了一个投资者毕生的功力！

接下来，我们来看看“自由现金流折现”里的第二个因素——折现率。

折现率

前文说到巴菲特对于折现率的表述是前后矛盾的。巴菲特第一次在股东大会的问答中提到折现率的选择是在1994年。他当时是这么说的：

在长期债券利率为7%的世界，我们肯定希望我们的税后现金流贴现率至少为10%。但这要看我们对企业有多确定，我们对企业越觉得确定，贴现率越接近最低值。

巴菲特这一段话的意思很明显：折现率的选择，应该是在无风险收益率的基础上，加上一定的溢价。至于具体应该溢价多少，则取决于一家企业的确定性。公司的确定性越高，需要的溢价就越低。

接着，有意思的事情来了，就在两年后——也就是1996年，巴菲特的说法就出现了变化。他在股东大会的问答中有了如下说法：

至于我们采用的折现率，一般是参照长期国债收益率。在利率很低的时候，我们喜欢用略高一些的利率。

这个估值方法并不考虑风险，因为不管来自一家高风险企业或是一家安全的企业，现金都是一模一样的。分析高科技公司可能更难，因此在计算完成后，要对结果打一个较大的折扣，或者你也可以判定你完全没能力估算。

巴菲特这两段话里包含了四条信息：

第一条，巴菲特提出折现率一般“参照”长期国债收益率，即无风险收益率。

第二条，巴菲特提醒如果当时的利率很低，换句话说，无风险收益率由于各种原因“失真”了，他会选择高一些的折现率。

第三条，巴菲特强调不同公司的折现率不应该有差异，因为不管来自哪个企业的现金，都是一模一样的。

第四条，巴菲特提出在用一样的折现率完成折现后，对于不是很确定的公司，应该对折现出的数额打一个折扣，对公司的判断越不确定，折扣应该会越大。

仔细对比这两段话和前文1994年的说法，你就会发现它们完全不同——1994年提出的“不确定性溢价”没有了，而且不同的公司折现率不应该有差异。在1994年，他明确提出折现率应该根据公司确定性的不同而有所差异。

时光又过了两年——也就是1998年，在股东大会的问答中巴菲特再次就这个问题表达了他的看法：

我们不会因为不知道企业未来会发生什么，而把它的折现率定在9%而不是7%。一旦我们对某个生意相当确定，那么就应该用同样的折现率。我们只会给我们非常确定的生意估值。

巴菲特这段话明确地表达了两个信息。第一个信息是：要不要给一家公司估值，有一个明确的门槛条件——“我们只会给我们非常确定的生意估值”。第二个信息是：在过了这个门槛条件以后，就会用同样的折现率对不同的生意进行估值。

相信读者们看得出来，1998年巴菲特这段话和他在1996年的表述是一致的，而这两次和他在1994年的表述是不同的。

这种对折现率明显“前后不一”的表述，我认为，有可能是因为巴菲特的理念发生了一些变化。巴菲特在后面还曾多次表示：第一，不确定的生意就不应该估值；第二，只要估值，就应该用同样的折现率。

我认为关于上述第二点，其实呼应着投资里另一个非常重要的概念——机会成本，在本书第三章我会讲到这个概念，以及机会成本和这里第二点的关系，此处暂时不展开。

两个常见问题

折现率我们就先讲到这里，关于“未来自由现金流折现”的前半部分——也就是如何判断“未来自由现金流”，还有两个常见的问题，巴菲特也给出了很好的指导，我们一起来看看。

应该要求多高的增长率?

判断未来自由现金流的第一个常见问题是关于“增长”。在1994年的股东大会上，巴菲特和一位股东有如下的对话。

股东：你们一般用怎样的增长率去预测公司的增长？高个位数？

巴菲特：我们也愿意收购那些根本不会增长的公司。我们看的是随着时间的推移，我们可以收回多少现金，这就是我们研究的。

作为一个真实的个人投资者，我很能理解这位股东的问题。他问的是一个非常现实，而且我们投资者在估值时很可能遇到的问题。如果你喜欢用计算器/Excel表格去测算现金流的话，就更明白这个股东的“痛”了，这是因为在试图做自由现金流折现时，就会面临“以多高的水平预测公司未来自由现金流的增速”这个问题。如果你能把这个增速限制在一个靠谱的范围，也就意味着找到了未来自由现金流的密码。

面对如此让人眼馋答案的一个问题，巴菲特的回复则耐人寻味。他没有直接回答“怎样的增长率合适”这个问题，上述摘录中他的回答，翻译成白话就是：重要的是自由现金流的绝对值，增长率只是一种思考的角度。

这个答案很容易会让人觉得失望，因为这不就是个死循环吗？正是因为要预测绝对值，所以我们想知道增长率；而巴菲特又说增长率只是一种视角，重要的又是绝对值。

我认为巴菲特的回答看似答非所问，其实恰恰蕴藏着本质的内容。我想巴菲特之所以这样回答，是因为他不想把这个问题引到“3%的增长率是合适的还是8%的增长率是合适的”这个方向。在巴菲特的观念里，增长率不重要，绝对值才重要。极端的情况就如他所说，一家公司哪怕不增长，也是可以接受的，只要公司折现的现金流远远大于公司现价，这就是一笔可以考虑的投资。

不知道巴菲特的这个回答能不能破除一些我们常有的执念呢？比如，很多人认为高增长的公司才值得投资。我拿格力电器来举个例子吧，这样会更有感觉一些，这是我的持股之一。

大约在2022年10月，我写过一篇关于格力电器的文章。文章里提到：当时格力的净现金大约1000亿元，当时的市值1700亿元，2021年格力全年的净利润大约220亿元，未来低速增长是可以预期的。对于这样的生意，能增长当然更好。如果不能增长，真实的静态收益率也超过30%［220÷（1700-1000）］。这样的投资机会怎么就不能接受呢？

考虑多少年合适?

我们再来看关于“判断企业未来自由现金流”的第二个常见问题。在1995年的伯克希尔股东大会上，巴菲特和一位股东有如下一番对话。

股东：当你对公司估值时，你会折现未来的收益。你一般会考虑多少年?

巴菲特：我们是在脑子里计算，不需要在纸上计算。如果我给你一些官样文章，比如我们做了18年预测，然后加上一个终值……这种分析就会更科学吗？我们希望投资决策要足够明显，不需要做详细计算，它不需要我们填入所有变量。

这位股东问的问题，也是我们做自由现金流折现时经常会纠结的问题。不少投资者习惯用二阶段模型，这种方式基于当前的自由现金流情况，对于未来的一段时间，比如5年或者10年，用一个增长率来预估自由现金流；之后的年份再采用另一个增长率——通常是一个更低的增长率，以体现“没有公司能永远高速增长”这个常识。但是，在采用这种方式来预估自由现金流的时候，我们就会遇到上述“考虑多少年”这个问题，其会比较大地影响折现的数值。所以，我非常理解这位股东提出的问题，这确实是一个很实操的问题。

巴菲特的这段回答，第一句就告诉了我们结论：我们的计算在脑子里就能完成，不需要用纸——当然了，更用不着计算机。

看完这个回答，你可能也会感觉到很奇怪吧？一方面，巴菲特经常告诉我们：自由现金流折现是唯一正确计算内在价值的方式。但另一方面，我们都知道自由现金流折现涉及不少参数和计算，如果不用计算器或Excel表格是很难的。对于这样的一种方式，巴菲特居然说在脑子里就能算清楚，不免让人难以理解。

我认为，这虽然看起来是个悖论，但其背后隐藏了一个前提假设，就是四个字：一目了然。有了这个前提，这个悖论自然就不存在了。

第二节　找到一目了然的好公司

关于这一点，我们来看看巴菲特是怎么说的，下面这段来自1996年股东大会上巴菲特回答提问时的说法：

> 假如计算某家公司要用上纸和笔，那么安全边际就太小了点。那种一目了然到好像在向你大叫的机会，才算有安全边际。

我来给各位读者理一理这个逻辑：首先，自由现金流折现是理论上正确的估值方式，是思考的途径。但是，我们并不需要用计算器去算一个准确的数值出来。能实现这一点的暗藏前提就是：这应是一个“一目了然”的投资机会。这种机会不多，但如果遇到了，是能够实现巴菲特所说的“我们是在脑子里计算，不需要在纸上计算”。

换个角度说，对一家公司的估值只有在满足两个条件时，才有实操的意义。第一个条件是，公司的确定性足够高，“值得”被估值，这一点本书前面已经论述过；第二个条件是，相对于市场价格，估值有明显的吸引力。那么，什么是“明显的吸引力”呢？或者说，在什么情况下，估值显得“一目了然”呢？

案例：中石油

我们来看看2008年的股东大会上，巴菲特回答提问时说的一番话：

我认为它值1000亿美元，当时我以350亿美元的价格购买它，我不需要知道它值970亿或是1030亿，因此，当时我应该做的就是买入股票，任何进一步的细化分析都将是浪费时间。

我们真的很喜欢那些不需要精确到小数点后三位的。如果你必须把它精确到小数点后三位，这不是一个好主意。

摘录中的这家公司，就是让巴菲特在中国股民中声名大噪的中石油。巴菲特描述的逻辑非常清晰有力：对于一家市场报价350亿美元的公司，如果你能判断它大致值1000亿，至于这家公司具体是值970亿或是值1030亿，根本就不重要。再退一步，在市场报价只有350亿的情况下，甚至连这家公司到底值700亿还是值2000亿都不重要，重要的是，这家公司的市场价格远远低于它的内在价值。

所以，如果你能遇到一个投资机会，具备“任何进一步的细化分析都将是浪费时间”的特点，那么，这就是巴菲特说的“那种一目了然到好像在向你大叫”的投资机会了。

巴菲特和芒格在伯克希尔股东大会上回答提问时提到的关于估值的内容，大致就是这些了。最后，关于估值和公司这两个密不可分的话题，巴菲特和芒格还有两个非常重要的论述值得我们关注。

公司和估值的关系

第一个值得我们关注的事情是关于公司和估值的关系。我们先看看巴菲特的原话，下面的摘录来自1997年股东大会上巴菲特回答提问时的说法：

对一家企业是否伟大更有把握，比判断股价高了5%或是10%更重要。

这个思想我领悟得非常慢，过去我对价格敏感得令人难以置信。以前，在把出价提高八分之一前，我会在办公室里开祈愿法会。

巴菲特确实很风趣，经常有“开祈愿法会”这种让人会心一笑的表述。轻松之余，我们也要反思一下：我们经常会拿着计算器和Excel表格算一家公司的价值；计算这个事情本身很容易做，而且很容易给我们一种错觉——一种我们的结论很“精准”的错觉。

在上述摘录中，巴菲特想告诉我们的是：公司本身远远比估值更重要。举例来说，如果一家公司的价值是持续增长的，那么，你多出10%的价格，或者少出10%的价格，拉长时间来看，其实没有太大的关系，你一样会赚很多钱。

巴菲特这段话的第二部分，也是我们大多数人会犯的错误。很多时候我们一旦出价，尤其是我们已经在某个价格买过了某只股票，这个价格就会成为我们心中的一个锚定价格。具体来说，如果随后我们要以高于这个锚定值的价格去买，很多投资者死活都过不了心里的那道坎儿。

这个事情（不去关注自己的历史买价）很难，但这是投资者提升过程中的必经之路。当然了，“不关注历史买价、只要当下价格合理就买入”的前提是你对公司的判断是对的。投资有魅力的地方就在这里，与太极的阴阳理念有相通之处——太自信、买得太高容易犯错；太保守、不愿意提高买价则容易错失，这一推一拉之间，都是功力的体现啊。

真正的好公司价值超出想象

第二件关于公司和估值的重要事情，和前一件事情一样，依然是与公司本身关系更大的（而不是与估值本身）。我们一起看看巴菲特的原话，下面这段来自1996年股东大会上巴菲特回答提问时的说法：

我可以这样说，假如是一家真正优秀的好企业，我算出的内在价值，可能比大多数人算出来的高。多年来，在查理和我的心里已经生发出对一家真正优秀企业的无限尊敬。我们知道好企业有多么稀缺。

如果你对巴菲特的理念和习惯有所了解，并且你是第一次看到上面这段话，你可能会以为我摘录错了。我之前在我的微信公众号写过一篇关于巴菲特估值体系的文章，在文中我做了一个总结：在巴菲特历年买入的公司中，印象中没有超过25倍市盈率的，绝大多数巴菲特买入的公司，当时价格对应的市盈率都在15倍以下。

所以，25倍市盈率，就这点儿价格，这也算“比大多数人算出来的高”吗？毕竟在一个泡沫泛滥的市场，50倍、80倍甚至上百倍市盈率的公司都有很多啊！

我们一起来了解一下以下事实，就知道巴菲特这么说绝对不是“没见过世面”了。这个事实是：如果你把折现率定为5%——一个比较合理的长期无风险收益率，那么，如果一家公司能够在相当长一段时间增长率超过5%，比如7%，这时候会发生什么事情呢?

按照永续价值的计算公式，一家公司的永续价值=当前的收益÷（折现率－永续增长率），这个算式暗含了一个假设，就是一家公司的永续增长率不可能超过折现率。当永续增长率无限接近折现率的时候，这家公司的价值就会是无穷大。这件看起来让人难以理解的事情，是由数学公式决定的，注意我说这是个“事实”，也就意味着不是臆测。

上述事实，是“很难有公司可以长期维持增长，哪怕只是中速增长”的原因。从另一个侧面看，这个事实，也是巴菲特所说“一家真正优秀的企业，内在价值可能很高”的原因。再换句话说，如果一家企业能够长期存在，并且维持一定的增长，这样的企业，就是很优秀的企业了，而这样的企业，内在价值可能超出我们大脑的线性思维!

本书写到这里，已经把伯克希尔股东大会的现场问答中关于“估值”的部分总结完了。接下来，我们即将进入很多投资者更关注也是更实操的环节，这个环节叫“交易”，包括了买入、仓位、持有和卖出4个部分。

第三章

步骤 3:
如何交易

如果说本书第一章“如何选公司”部分传递的核心信息是保持好奇、广泛涉猎、深度沉浸；那么，第二章“如何估值”就是在此基础上进一步聚焦和收敛，教我们只选那些确定性高、一眼看得到未来自由现金流的生意。而本章“如何交易”的目的是在前两部分的基础上，进一步完成股票“价廉”部分的任务；换句话说，前面的两部分主要解决的是公司“物美”的问题。

在开始全面讲解这部分之前，我们来思考一个问题：要想取得好的投资成绩、拥有好的投资效果，我们需要抓住多少投资机会？在2001年伯克希尔股东大会上回答提问时，巴菲特有过如下说法：

如果你把伯克希尔的前15名投资拿走，那我想你们大多数人就不会在这里了。

平均来说，好想法大概两年出现一次。当你得到一个稀有的好主意时，你能够识别它，这是你需要长时间准备的。我们在40年前学到的东西，将帮助我们找到下一个伟大的想法。

仔细品读这一段，你是否已发现好多似曾相识的话语？拿我自己来举例，在我分享自己的投资理念和成果的这些年，由于我按照季度披露自己的持仓情况和投资结果，时不时就会有人提出类似下面的问题：

看你持有的公司，主要是贵州茅台、泸州老窖这样的白酒股占比高、涨得多，那你的投资是不是也有运气的成分？

这个问题我不需要遮遮掩掩，我可以斩钉截铁地说，我在投资上能有今天的成绩，当然有运气的成分。但我们需要把这个问题往前进一步：如果你把我持股中的贵州茅台、泸州老窖、双汇发展、招商银行、福耀玻璃等公司去掉，截至2022年底，我的账户应该还是亏损的。

其实，很多人没有意识到，为了让投资整体上赚钱，你不需要做到所有的持股都是大赚的，你甚至不需要有一半以上的持股是大赚的。这个观点看似不合逻辑，但你仔细想想，就会发现这种事情很可能会出现。因为随着时间的推移，好公司的价值和价格会越来越高，进而这些公司在你持股中的占比会越来越高，而一般的和差的公司的价值和价格则会萎靡不振甚至持续下跌，占比也会越来越低。

上述摘录巴菲特的这番话，有另一个关键点值得再提一次，就是“40年前学到的东西，将帮助我们找到下一个伟大的想法”。投资这件事情之所以有魅力，原因之一就在于每一次的提升，都不是白费的。你看过的公司、思考过的投资话题，这些都是一点一滴积累的，在这项可以做一辈子的事业上，你的眼光会越来越老到、做得会越来越好。当然，这一切的前提是：你得躬身入局、身体力行地去积累。成长的快慢不是主要的，开始投入和持续投入才是重要的。

第一节　买入

机会成本

有意思的是，“买入”这个部分，巴菲特很少明确说具体买什么，倒是格外强调一个看似不相关的概念——机会成本。我们来看看巴菲特在1997年股东大会上回答提问时说的话：

机会成本是生活中一个非常有用的筛选标准。如果你有两个追求者，而且其中一个比另一个好得多，你就不需要花太多时间和另一个聊了。

这就是我们筛选股票购买机会的方法。我们的想法是如此简单，人们却不断地向我们寻求奥秘。

这就是巴菲特关于选择买什么的精髓——看机会成本。这个方法看起来太简单了，无非简单对比、哪个好就选哪个。但可能正是因为太简单了，以至于我们都很难相信这就是关于“买入”的精髓。所以，巴菲特他老人家才会很无奈地说：“我们的想法是如此简单，人们却不断地向我们寻求奥秘。”

事实上，巴菲特说过很多次机会成本这个话题，比如在2018年的股东大会上，他又重述了这个观点：

总的来说，我们总是从值得买入的机会中挑选最佳机会。

那么接下来的问题就是：在选择买入对象的时候，具体应该怎么做呢？我们看看1995年巴菲特在股东大会上回答提问时的说法：

可口可乐是一条准绳，但并不等于我们不能买其他的东西。当我想买其他企业的时候，我会问：“为什么我宁愿买它，而不是增仓可口可乐？”

巴菲特这一段可以称得上逻辑清晰、简单易懂。对于我们普通投资者来说，面对究竟买入什么时，要考虑的也是一样的道理。你永远会有一些投资选择，举个例子，至少你可以存入银行，这也是一种投资选择，这时候，你要做的仅仅是在不同的机会间做比较。

微妙的对比

这里我要提醒读者们注意两个很微妙的地方。第一个地方是做比较的时候要选择什么样的对照物。这个对照物一定要是自己手上已有的最好机会。

举个例子，你手上已经有两个选择，一个是银行活期存款，年化收益率在0.5%左右；另一个是银行活期理财产品，年化收益率在2.5%左右。这时候你在评估一个新的投资机会（比如说一家公司的股票）时，就要以银行活期理财产品为对照物。

这个道理我想是显而易见的。我们做投资是为了赚钱，所以在确定性一致的前提下，当然选能赚5%而不是2.5%的机会。

第二个需要提醒读者们注意的是：上文所说的基于机会成本的对比，是综合了“确定性”和“价格”的对比。

举个例子，假如贵州茅台是你认为很好的公司，但现在估值很高（例如60倍市盈率，这意味着1.7%的静态收益率）。你在对比A公司和贵州茅台这两个投资机会的时候，不能简单地说“A公司的质量明显不如贵州茅台，所以，我应该不投资A公司”。至于应该怎么对比，这个要看实例才好解释。我举一个自身经历的例子，供读者们参考。

在2022年10—11月，我的资金几乎已经全部投入了股市。有一天，股市又大幅下跌了，印象中那是当年的最低点，当时，格力电器和海康威视同时跌到了我设定的买入价格，但因为我当时钱已经不够了，所以我只能在两者之间做选择。

我当时选择的逻辑其实很简单。从确定性的角度来说，我并不能判断海康和格力是否有巨大的差距，两者都有一定的“缺陷”，但也都有自己的优势。但是，从投资收益的角度看，当时格力肉眼可见的静态收益率达到了20%以上，而海康最多也就是8%左右。在这种情况下，我的选择就非常明确了——当时我应该选择格力。

钱放哪里

看完上面这个案例，读者们可能会想到一个问题：这个案例中投资者是有得选的，但如果我没有什么选择，那怎么做这个对比和买入呢？对此，我们看看巴菲特在1996年股东大会上回答提问时的说法：

假如我们找不到以我们的浅薄智力能够理解的目标，那么可能就会买辉瑞和微软等公司。但是我们一直都能找到自己能理解的东西。

我想先给巴菲特的谦虚、平和点个赞，他作为世界级的投资大师——前无古人，后面有没有来者还不好说——还总是保持低调谦虚的态度，单凭这一点就值得尊重。

关于“如果没有选择怎么做对比”这个话题，这里我想分享的感受是：读者们应该还记得前面讲“确定性”的时候，我们说过“确定性是一种程度”。换句话说，虽然我们耳熟能详的是巴菲特没有买微软和辉瑞，但是从上述摘录来看，这些公司其实是在他的选项中的，只是这些公司由于确定性不够的原因，始终没有进入他对比选择的“胜者名单”而已。

所以，对于我们普通投资者而言，这种基于足够的确定性对比机会成本的做法，是始终存在的。我们要做的就是不断提高自己对各个投资机会的理解，争取找到足够的确定性，然后做出对比。在此之前，我们要回答一个问题：是不是我们只需要从可以理解的公司中做选择，选出最好的机会就可以了？其实不是的。因为上述这个逻辑里只考虑了公司股票这种标的，而这是不对的；我们看看巴菲特在2004年股东大会上回答提问时的说法：

> 你的默认头寸永远是短期的货币资金。当你看到任何聪明的事情，你就应该去做。

各位看明白了吧？巴菲特这两句话，我想应该回答了很多人“究竟应该持币还是持股”的问题，至少给这个问题定了个调。

门槛收益率

那么，只要股票收益率比货币理财产品收益率高，就应该买股票吗？关于这一点，巴菲特在2003年股东大会上回答提问时给了我们明确的警告：

我们不想用短期利率为1.25%这一事实说明给我们带来3%或4%收益的会是一笔好交易。我们心中有一个最低门槛，低于这个门槛，我们就不会愿意投入资金。

……我们不想购买实际预期回报低于10%的股票，无论短期利率是6%还是1%，都是如此。我们觉得，在这个回报水平以下的投资决策，会是非常草率的。

在这番论述中，巴菲特告诉我们在进行机会成本的比较时，你内心应该有一个“最低标尺”。换句话说，如果一只股票不能给你带来一定数量的预期收益率，你的这种投资行为可能就是不划算的。毕竟投资货币资金的收益率是相对稳定的，但投资股票要面临公司经营出现问题进而导致投资者永久性资金损失的风险。

在摘录的这番话里，巴菲特把这个“最低标尺”的收益率界定为10%。那么，假如无风险收益率是5%，为什么10%以下的收益率会让巴菲特觉得这样的投资“非常草率”呢？我认为，背后的原因有两个：

第一个原因是，这个10%的收益率指的不是当下的收益率。换句话说，巴菲特这里指的是拉长时间来看，一笔投资大约带来的年化收益率。举个例子，假如一笔投资当下静态收益率为8%，10年后收益率大约为20%，拥有这样收益率的投资机会，肉眼可见是有很强的吸引力的。但是，如果这笔投资现在的收益率是8%，10年后大概能达到10%的水平，对于这样的预期收益率的投资机会，巴菲特就认为吸引力不大了。

第二个原因，可能更重要：你能100%确定这笔投资的收益率能达到（年化）10%吗？在现实的投资中，由于各种未知因素的存在，很有可能一笔你原以为能达到10%（年化）收益率的投资，最后只有6%、5%，甚至更低。换句话说，如果一笔投资的收益率一开始就没有显得特别诱人，那你完全可以回到上述摘录中巴菲特提到的默认选择——短期的货币资金投资，并等待更好的机会出现。

对于“股票投资预期收益率要远超过无风险收益率才有足够的吸引力”这个话题，巴菲特在2007年股东大会上回答提问时有更直接的描述，我们来看看他是怎么说的：

如果政府债券利率是2%，那么我们不会去买一家未来几年预期收益为3%或3.5%的企业。我们宁愿坐着等一会儿。如果它是4.75%，我们仍然想要更多。我们想要足够的回报率，这样我们就会感到很舒服。如果股票市场关闭几年，或者利率再上升1或2个百分点，我们仍然对买入的东西感到满意。

我知道这听起来有点模糊，但确实是模糊的，我不认为有什么单一的指标可以代替对大量投资选择的思考。如果你有一些你非常熟悉的东西，非常确定能够获得8%的回报，这时如果有人告诉你有一个8.5%回报率的机会，那也不会吸引你。

此处巴菲特的表述就更平实了。在无风险收益率是2%的情况下，假如有个（股票）投资机会的预期收益率可以达到4.75%，对于巴菲特也没有多大的吸引力。原因之一在于，如果利率上升一点——比如2个百分点——达到4%，这个机会（股票）就变得没啥吸引力了，毕竟股票可比债券的不确定性高多了。

另外，巴菲特在这一番表述中再次重申了交易的一大前提，就是确定性。用他的举例，一个8%收益率的高确定性机会，吸引力要远远大于一个预期收益率为8.5%、相对没那么确定的机会。

我认为，这一点对于我们普通投资者来说也是一样的。如果一家公司的收益率长远来看不能超过年化10%，那我们最好还是找更好的机会。这时候，低风险的货币资产投资应该是默认的选择。至于这过程中的忍耐和等待，则是成为一个优秀投资者的必经之路。这个过程中我们必须克服心理障碍，遵守投资纪律。

以上是关于机会成本的理论分析，接下来我们来看巴菲特的两个投资案例，这样就可以对基于机会成本比较的交易决策产生更直观的感受。

投资案例：浦项制铁

第一个投资案例是巴菲特在2007年股东大会上回答提问时说的：

我们买入浦项制铁的时候，是以4~5倍市盈率买入的，而且它的资产负债表上没有负债，是成本较低的生产商之一，这是一家很棒的公司。

上述摘录中巴菲特提到的浦项制铁是一家韩国企业，是巴菲特投资的为数不多的外国企业之一。在这一段话中，巴菲特对浦项制铁的投资决策描述得非常简单。第一，公司没有负债，确保财务风险可控；第二，成本低，进而确保在一个无差别商品行业（制铁）有良好的竞争优势。

前面这两个因素在很大程度上让浦项制铁这家公司的确定性有了保障，接下来就是机会成本的比较。在这个案例里，巴菲特以4~5倍市盈率买入，即对应20%~25%的静态收益率。这意味着在有确定性保障的前提下，我们甚至不需要知道当时的利率是多少——反正超过10%的概率不大——就能知道，当时的浦项钢铁是基于机会成本比较的一个好选择。

投资案例：四大航空

基于机会成本比较的第二个投资案例就离我们更近了，来自巴菲特在2019年伯克希尔股东大会上回答问题时的说法，可是这一次巴菲特栽跟头了。

我们在四大航空公司投了70亿~80亿美元。我们算过了，投入这么多，每年可以获得10亿美元左右的利润，不是拿到10亿美元的股息，是属于我们的那份利润有10亿美元左右。而且我们觉得这个利润还能往上走，肯定是有周期的。

对伯克希尔和巴菲特的投资有一定了解的话就会知道，巴菲特对航空公司一直“贼心不死”。历史上他曾经多次投资航空公司，当然结果都不尽如人意。最近一次是他在2019年前后，再次投资了美国的四大航空公司，就像上述摘录中所说。

按照摘录中巴菲特的测算，他投资美国四大航空公司的时候，这些投资的静态收益率预期可以达到13%（10/80）甚至更高。这确实也达到了他前面说的10%的最低收益率标准。

另外，在巴菲特上面这一段表述里，有一个很重要的部分，就是“我们觉得这个利润还能往上走”，也就意味着，在当时13%的静态收益率的基础上，巴菲特预期这些投资未来的收益率还会更高。

当然，读者们可能也知道后来发生的事情——巴菲特在这笔投资上“翻车”了。在新冠肺炎疫情出现后，也就是2020年，巴菲特亏损卖出了这些航空公司的持股。之所以这笔投资失败了，问题就出在摘录中巴菲特说的“我们觉得”这四个字上——巴菲特对航空公司的盈利前景判断出现了明显的失误，这种误判让这些投资的支撑依据不复存在。

通过学习巴菲特的这次失败投资，我们可以从中重温两个道理：第一个是不要“犟”。在明知道这种重资产投入、产品/服务很难差异化的行业很难长久赚钱的背景下，巴菲特还是出于各种考虑，指望“这次不一样”——他认为航空公司不仅能保持当时的盈利水平，而且觉得未来会盈利得更多。这充分说明：“股神”也会犯我们普通人的错。

第二个我们应该领会的道理是：这部分文章讲的“基于机会成本比较的买入决策”这个事情，在理解了逻辑以后，虽然看起来很简单，但是这个方法最关键也是最难的部分在于对生意的判断，具体点儿说，对于生意未来自由现金流的判断是最重要的。因此，如果这个判断错了，后面的机会成本等概念就没有了意义。

要不要调仓换股

最后，关于基于机会成本比较的买入决策还有一个微妙的话题，我们看看2003年股东大会上，巴菲特回答提问时的一段说法：

就投资证券而言，如果我们发现某资产的价值是50%，而我们持有的另一资产的价值是90%，那么我们很可能会从一种资产转移到另一种资产。我们将利用资本做我们所能做的最聪明的事情。

巴菲特这段摘录说的就是我们通常说的“调仓换股”，即按照对不同公司的价值估计把钱移到更低估的公司身上（追涨杀跌，基于对股价未来走势预判的调仓换股不在本书讨论之列）。我之所以把调仓的话题放到这部分的最后（这是“机会成本”部分的最后一段摘录），是因为我想非常小心谨慎地处理这个话题。

我们身边有不少投资者会调仓换股，其中不乏知名投资者。大家可能会对这种做法习以为常，认为这是每个人都应该尽量去做的。理论上来讲，调仓换股当然是对的——基于机会成本的视角也是这样，毕竟如果一笔投资的收益率更高，我们当然应该把放在另一笔投资上的钱转移过来。

可实际操作中，我们往往发现调仓换股的结果是“赔了夫人又折兵”，这里面的关键就在于前面所述“如果”两个字。要知道绝大多数投资者——也包括我在内，对于生意的理解和判断是很难比其他人高出许多的。这就意味着，如果你调仓换股，你会面临三重风险。

三重风险

第一重风险是，你判断相对高估进而把钱转走的那家公司，后来可能被证明潜力是更大的；第二重风险是，你判断相对低估进而把钱转进去的那家公司，后来可能被证明潜力是更小的，甚至在更糟糕的情况下，你判断错了，这家你把钱转进去的公司是一家烂公司；第三重风险是，完成调仓换股后，如果这两家公司的经营结果和股价并没有按照你换股时的预想情形发展——这是很可能的，尤其是股价的走势——由此你的心态可能发生巨大变化，甚至导致你怀疑自己的体系，进而造成动作走形，影响其他投资决策。

所以如果你认为你的能力和心态可以抵御上述三重风险，那么你可以调仓换股。如果你认为自己不一定能抵御上述三重风险，调仓换股这个事情还是少做为妙。这绝不是危言耸听，不妨回头温习上文提过的巴菲特对航空股的误判。连“股神”对公司的判断都会时不时出现重大失误，何况我们呢?

就我个人而言，我很少调仓换股，这有点像前文摘录中巴菲特的那个举例。如果在5%的无风险收益率投资和一笔预期10%的股权投资之间选择，我会更倾向于前者。这一道理和思路用到调仓上也是一样的。对于两家我都愿意投资的公司，如果我认为一家收益率为15%，一家收益率为20%，我倾向于不做这个调整。

行情不好怎么办

到了这里，假如你已经基于机会成本锁定了一家要买入的公司，接下来，我们可能面临的问题是：这个投资机会基于机会成本来看是个好机会，但最近的行情很不好，我是应该再等等，还是应该马上买呢? 对于这个问题，巴菲特在1996年股东大会上回答提问时给出了明确的建议:

我认为你最好还是立即买下来。我们其实也可以买进卖出我们的一些好企业，但是好企业太难找了。

对于巴菲特的这段表述，我的观点是：理论上来说，巴菲特的说法没错。但是，就跟前文所讲的调仓换股一样，这种做法正确的前提是你对公司的判断大概率没出错，而这又涉及普通投资者经常出现的问题——看走眼。

所以，在我自己的交易体系里，是不会一次性全部买入的，而是采用逐步买入的方法。具体来说，我会设置几次逐步摊低买入的价格，然后耐心等待股价落到我的买入价后，按照买入计划来执行。这种方法看起来很死板，但可以从价格的角度帮助我抵消看走眼的问题。具体的方案如果读者们感兴趣，关注我的微信公众号后，在后台输入“交易”，编号为1的那篇文章就是我的做法了。

M2发生了什么

我们在思考一家公司该不该买的时候，除了当时的行情，不少人还会思考一些常见的东西，比如买盘、卖盘、多少钱涌入基金、货币发行量，等等。对此，巴菲特在1997年股东大会上回答提问时，用他一贯的幽默风格表达了自己的看法：

你可以关注买家在干什么，你可以关注卖家在干什么，你也可以说，现在每月有200亿美元左右的资金进入股票基金，但这对我们没有任何影响。我们感兴趣的只是生意的价值。你还记得吗？10年前，不管是星期几，人们都会问，“M2怎么样？”搞得我一直想写一篇悬疑小说，主题就是“M2到底发生了什么”。人们一直会谈论一些事情，因为有太多时间需要打发，有太多纸张需要填满，于是他们写了那些对我们来说没有任何意义的东西。

对于前文提到的对各种因素的看法，上述这一段已经说得很明白了，我不再复述。我只希望巴菲特说的这篇“M2到底发生了什么”的小作文，能让执迷不悟的人们在忍俊不禁的同时，明白“生意的价值最重要”这个道理。因为说到底，既然“买股票就是买公司”，那么从本质上来说，公司的质地才是最重要的。这意味着，别人怎么看公司，其实没那么重要。关于这一点，在1996年的股东大会上回答提问时，巴菲特明确地表达了自己的观点：

买进企业的方法就是假设股市不存在。

这是一种非常好的买入股票的视角。如果我们能真正地把股票当作上市公司的所有权，如果我们真的是在买入一家“生意”，那么这个生意的报价系统——股市——是不是每时每秒都存在，就没有那么重要了。在正常经营的情况下，很少有人会每天想着多少钱卖掉自己的餐馆，而拥有上市公司部分所有权的股票投资者也应该是一样的心态。

第二节　仓位

以上就是巴菲特和芒格在历年股东大会上对如何买入的完整回复。在明确了如何买企业以后，接下来我们要回答的问题是：我的仓位如何设置呢？说得再具体点，单只股票买到多大比例是合适的呢？对于这个问题，在1994年股东大会回答提问时，巴菲特讲了他和芒格的做法：

在我管理我的合伙公司的时候，单只股票投资比例的上限是40%。至于查理，我记得他的上限不止40%。

在我的印象中，一些国内投资人给自己的单只股票仓位限制就是40%，我不知道是不是受了巴菲特这一段表述的影响。摘录这一段，也符合大众对巴菲特和芒格的印象，人们普遍认为芒格似乎更加激进一些，更加无拘无束一些。在展开仓位这个话题之前，我们再看看2008年的时候，在股东大会上回答提问时巴菲特和芒格还有一次关于仓位的谈话。

巴菲特：查理和我一直有足够的信心——如果我们只经营自己的净资产的话。有好几次，我在一个好的想法上投资了我净资产的75%。

芒格：有好几次，我把超过100%的净资产都投资在了一些东西上。

巴菲特：在你的一生中会发生一些非凡的事情，你可以把你的净资产的75%或类似的比例投入特定的情况下；问题出在那些把他们净资产的500%都投进去的人。

将上述摘录和前文1994年的那一段结合起来，我们就可以了解两位大师关于仓位观点的全貌了。第一，投多大比例的钱到一个投资机会上，最关键的考虑因素是这个投资机会本身的质量。如果这是一次股票投资的话，很明显，这里所说的“质量”包含了“公司如何”和“价格如何”两个因素。第二，所谓的仓位控制，其实有一部分是“做给别人看”的。

巴菲特的矛盾

为什么说“仓位控制有一部分是做给别人看的”呢？我们注意对比上文两段关于仓位的表述：1994年，巴菲特说自己单只股票投资比例的上限是40%；而到了2008年，却说愿意把净资产75%的资金投到一家公司上。那么这两个时间点，到底是什么事情发生了变化，以至于让巴菲特对仓位的判断出现了如此大的差异呢？

我认为之所以在1994年和2008年这两个时间点出现如此明显的表述差异，除了在此期间巴菲特的投资理念可能有了一些变化之外（我不是很认可这种可能性），更重要的原因是这两种表述的前提条件有明显的不同。

1994年，巴菲特说单只股票40%仓位上限的前提是“我管理我的合伙公司的时候”，用现在的话说，是巴菲特“开私募的时候”。而到了2008年，巴菲特说单只股票75%仓位上限的前提是“如果我们只经营自己的净资产的话”。这两者的差别就在于在前一种情况下，私募投资者可能会忍受不了大幅的净值下降，进而出现大幅赎回投资或通过各种途径干扰私募基金经理的事件；而如果是自己的钱，巴菲特就只需要弄清楚投资的公司有没有问题，不用太关注股价的下跌。

单调和融资

虽然仓位控制有“做给别人看”的成分，但是关于仓位，确实存在两种可能的风险——也是我们普通投资人一不小心就会面临的风险。

第一种风险就是“单调一家公司”。在这种模式下，你需要保证自己每次都是对的，因为只要你错一次，前面的努力可能都会打水漂。第二种风险，正如巴菲特前述摘录，“问题出在那些把他们净资产的500%都投进去的人”，也就是借钱买股票的人。这两种风险，第二种比第一种要危险，第二种（融资融券）甚至有可能让账户归零。

那么，平均来说，仓位到底怎样分配才是合适的呢？这个话题巴菲特和芒格在历年的股东大会上似乎没有给过明确的回答。但是，在1998年，巴菲特在佛罗里达商学院做了一场演讲，中间有一段话，我认为他从侧面回答了这个问题：

> 要是你真能看懂生意，你拥有的生意不应该超过6个。要是你能找到6个好生意，就已经足够分散了，靠第七个最好的主意发家的人很少。换了是我的话，我可能就选3个我最好的。

在这一段摘录中，巴菲特算是用持股的个数间接解释了仓位。具体来说，10%~30%的仓位会是比较合适的，这是个粗略的算法。

我的做法

对于我自己而言，我对仓位的观点和实际做法是：仓位对于我来说更多的是一种结果，而非一种目标。怎么理解这句话呢？

我自己的做法是：首先，对于我想要买入的公司，我会给它们设定一个买入价。然后，我会在公司半年报和年报出来后对它们进行分析。接着，按照自己当年的预期现金流规划当年的交易计划。应该说在上述这个过程中，我有“仓位规划”的动作，因为我的交易计划会涉及每家公司的理想资金分配。但是，最终我们所说的那个“仓位”——一家公司的市值在我的总市值中的占比，则要看股市的走势。

我这么做的好处是我把选公司和买入分成了两部分：前一部分——也就是选公司——由我来控制，而后一部分——也就是买多少——则由我定规则，但我把决策权交给了市场。采用这样的做法，我就不需要居高临下地去“指挥市场”了——毕竟人家也不听我的。

采用这种方法，我需要做的就是研究好公司，至于能不能买得到、能买到多少，则听天（市场）由命。而上述这个“能买到多少”，展现的形式或者说结果，就是仓位了。以上这些就是我说的“仓位对于我来说，更多的是一种结果，而非一种目标”的意思了。

案例：超过40%的仓位

还是拿我自己的投资经历举个例子，我是2013年7月开始投资的，第一家买入的公司是泸州老窖，第二家买入的公司是贵州茅台。一直到2015年前后，我的持仓就只有这两家公司，所以，如果按照单家公司40%的仓位上限，我的持仓早就不符合标准了。

在那个时候，我就只对这两家公司有研究和有信心。所以，虽然当时我用了自己几乎所有的钱，但把钱放在这两家公司，让我觉得安心，我也从来没想过要去做“减仓位”的动作。

后来，随着我觉得自己了解的公司逐步增多，另外工作也带来了额外的现金流供我买入更多股票，我的持股个数逐渐增多，单家公司的市值占比也有所下降。

直到2017年及以后，由于贵州茅台和泸州老窖的涨幅太高，这两家公司在我的持股中的比例也就越来越高，我的仓位才又回到了“重仓”时代——在相当长的一段时间，我的贵州茅台市值占比是超过总市值的40%的。

从上述我个人的案例中，读者们应该可以感觉到，我在过去10年的投资过程中，对于“仓位管理”这件事一直是被动的姿态。因为我没有“主动管理”的需求，我的大多数与投资相关的时间精力都放在了研究公司上面。对于自上而下地做“仓位管理”这件事情我投入得很少，但这不仅没有影响我的投资结果，反而可能正是由于我没有用一些看似安全的规则框住我的持股，从而让我的投资体系有了一些独特的优势。

这里还是要提醒各位读者注意：上述我的做法之所以能够取得不错的效果，跟很多因素有关，比如这些年我一直用劳动收入持续投入——而非只有一笔钱投入股市，比如我选中泸州老窖和贵州茅台这样的公司多少有运气的成分，再比如我的买入体系可以减轻我判断错误公司带来的后果。每个人的投资体系都要做到逻辑自洽、相互照应，切记不可照葫芦画瓢地单学某一个动作；更重要的是弄清楚背后的逻辑和适用条件，并取其精华去其糟粕，找到最适合自己的方式。

第三节　持有

我们应该做些什么

到了这里，关于交易部分我们就说完了“买入”和“仓位”，按照流程来看，这时候我们已经把股票拿在手上了。接下来，就是“持有”这个话题，换句话说，我们面临的问题是：在持有公司股票的过程中，我们应该做些什么？应该拥有什么样的心态呢？在2007年股东大会上回答提问时，巴菲特就这个话题讲了自己的看法：

在市场上，你不可能每天、每周、每月都说一些非常重要或聪明的话。我确实在1969年关闭了合伙企业，并发表了一篇文章。1974年我确实接受了一次采访。我在1981年的时候又接受了一次采访。

每隔一段时间，事情就会变得很不正常，但是中间的过程会怎么走，这就太难说了。但好处是，你不必每天、每周或每个月都有自己的看法。如果你有一些好的企业，并且你以合适的价格买了它们，而它们到了一个愚蠢的价格，你可能应该卖掉它们。

老实说，巴菲特这一番话真的挺“凡尔赛”（一个网络“梗”。意即“一种以低调的方式进行炫耀的话语模式”）的。下面给各位读者讲解一下说他“凡尔赛”的历史背景。1969年前后，美国股市已经涨得相当高了，巴菲特那时候已经开了13年左右的私募。在这种背景下，巴菲特觉得找不到合适的投资标的了，再加上其他的一些原因，他解散了自己的合伙公司。用中国人的话说，他主动把自己的私募清盘了。然后，股市在到达高点后，于1973—1974年开始大跌。接着，在最黑暗的时期，巴菲特接受了一次媒体采访，认为股市会好起来，后来确实也好起来了。后面的1981年也是类似，就不重复了。

不要频繁买卖

这些“凡尔赛”表现的背后，则是巴菲特对自己投资体系的坚定信念和践行。在这几段摘录中，巴菲特告诉我们：每隔一段时间事情就会变得很不正常，但这个时候，才是投资者应该买入或者卖出的时候。但是，市场不正常的时间毕竟是很少的，换句话说，我们应该鼓起勇气/克服贪婪去买入/卖出的只是极少数的时间节点。那么，在除了买入/卖出以外的大多数时间段，投资者应该做些什么呢？巴菲特在2016年股东大会上回答提问时讲了他的观点：

世界一直在变，我们不可能因为世界发生了一点变化，一家公司的竞争优势比过去多了或少了一点，就调整投资组合。但是，我们要保持警惕，时时刻刻要思考，盯着是否出现了可能改变格局的重大变化。

从这段摘录中我们应该领会的是：我们买入企业以后，在持有企业的时间里，有一点是确定的，就是这个世界——也包括你持有的公司——在一刻不停地发生变化。如果你选的公司是好的——这意味着公司的竞争优势稳固、企业文化良好，那么这些持续的变化不应该给公司带来不能承受的压力。所以，在持有公司股票的整个过程中，我们不应该做的是频繁地买入卖出。

注意，按照巴菲特的表述，哪怕是“一家公司的竞争优势比过去多了或少了一点”，都不应该这样做（频繁地买入卖出）。更好的做法是保持警惕，盯着你当初买入这些企业的那些理由，并时不时地反思这些理由是否发生巨大变化。我经常和读者们说投资要“多想，少动，慢慢等”，就是这个意思了。

第四节　卖出

到了这里，“持有”这个话题就说完了，按照交易的流程，接下来就是讲“卖出”了，这也是很多人很关注的话题。俗语说，会买的是徒弟，会卖的才是师父。

在卖出这一点上，巴菲特的观点基本上是一致的，尤其是对于那些“好公司”而言更是高度一致，这是我们前面在“选公司”部分反复讲解的内容。我们先来看看1996年股东大会上巴菲特回答提问时的一段说法：

就算价格上天，你也要能够捂住不卖，因为好公司太难找了，很难再找到这样好的公司了。所以我必须自问：我能有机会以更低的价格再把它买回来吗？我能以更低的价格买到几乎和它一样好的公司吗？我们认为在这些方面我们不怎么擅长，所以宁愿干坐着持有我们的企业，假装股市不存在。

巴菲特这一段想表达的意思很清楚：真正的好公司，是非常难找的。所以，如果你找到了好公司并且在合适的价格买入了，最好的做法就是“干坐着，假装股市不存在”。

要强调的是，这种做法绝对不是自欺欺人，其虽然看起来“傻傻的”，但切到了投资的命脉——买股票就是买公司，和公司上不上市无关。

落空的如意算盘

巴菲特就像是怕我们没有理解这句话的意思一样，在一年后——也就是1997年——他又把这个话题拿出来讲了一遍，下面是巴菲特当年回答提问时的说法：

我认为出售好生意通常是个错误。我不认为能经常找到好生意。如果你以X的价格卖了那些你想以90%或85%X的价格买回来的好生意，那你永远不会以105%X的价格买回来。

我认为，如果你所持有的生意是你理解的，并且你认为这是一个非常好的生意，那就应该只是持有它。如果股票价格下降了25%或30%，而你有更多的钱，那就买更多的股票。如果你没有更多的资金，那又怎样？只要看看公司，然后判断它做得如何就可以了。

这一次，巴菲特把这个话题讲得更加通俗易懂了。上述摘录中的那个人，就像是我们自己一样，巴菲特很清楚我们大多数人的软肋：真正的投资者是不会愿意以高于内在价值的价格去买一家公司的，尤其是你还在更低的价格卖出过这家公司的股票的话。

上面的话是什么意思呢？我们不妨以一个场景来想象一下——这是一个我们很可能会遇到的场景。

假如你以500元买了贵州茅台的股票，后来股价上涨了，你在股价超过1000元时卖掉了自己的持股，理由是你认为贵州茅台当时的内在价值是800元，股价已经明显超过了其内在价值。你的如意算盘很可能是：先卖掉这些股票，然后我将来在贵州茅台的股价跌到500元时再买回来——实在不行的话600元买回来也行啊，我赚一点差价就行。

可后来的股价走势是，贵州茅台“似乎”奔着1200元去了——这里“似乎”的引号是为了提醒读者们没人能够真的预测股价，这里的假设只是模拟我们会有的心理活动。在这个时候，按照你的估计，贵州茅台的内在价值已经上涨到1000元附近了，接下来你要面对的问题就是：你愿意以市价——比如1150元——再次购买贵州茅台的股票吗？

我相信绝大多数人的第一反应都是不愿意，尤其如果你是真的价值投资者，你更不会愿意了，因为这个价格已经高于公司的内在价值，而真正的价值投资者是不会以高于内在价值的价格购买股票的。

所以在上述案例中，你为了一点想象中的“高卖低买”的差价，卖出了一家优秀的、内在价值会持续上涨的公司的股票，然后一路看着股价盘旋上升，忍受着内心的煎熬，等待着那不知道何时会来临的“回调”，这就是巴菲特上述摘录第一段描述的“悲惨场景”。

相比于这种“小聪明式”的做法，摘录中巴菲特的建议就更有可操作性。还是以上述贵州茅台的投资为例来说明，你500元买入了贵州茅台的股票，股票价格继续下跌到400元，这时候你有钱就再买点股票，没钱的话等着就好。在这种看起来很傻的场景里，你会有不错的心态，一边看到大把的人重复上面第一种情境中的做法，一边看着自己的账户数额逐渐增加。

温暖的陪伴

关于“买入好公司后该做些什么”这个话题，在1999年伯克希尔股东大会上回答问题环节，连一向很少回复提问的芒格也加入进来，表达了他的看法。

芒格：一般来说，对大多数投资者来说，长期而言，试图在你真正热爱的公司里进进出出，并不是一个好主意。我们很满足于和我们最好的资产一直在一起。

巴菲特：多年来，人们一直想让伯克希尔这样做。我有一些朋友认为股票价格有时候是有点过头了，他们想把它卖掉，然后再以更便宜的价格买回来。这很难做到，你必须做出两个正确的决定，而且通常你还得在这期间交些税。如果你买了一个很棒的生意，最好的办法就是坚持下来。

看着两位老人这两段表述，我有时候会想，投资和做人真的很像。对于“做人”而言，通常影响很深远的是你的一些基本态度，比如，你愿意和什么样的人交朋友，你是更看重利益还是感受，你是更看重短期还是长远，等等。

我们看看摘录中芒格的说法，“我们很满足于和我们最好的资产一直在一起”，这种温暖和踏实的感觉，如果你只盯着买卖股票的收益，是很难体会到其中的心境和收获的。

对于一家好公司的卖出决策和再次买入的决策，这两次决策本身倒没有什么错误，因为如果你对这家公司的判断是对的，很有可能你对内在价值的判断也差不了多少。换句话说，如前面提到的买卖贵州茅台的第一种场景所展示的，那时候贵州茅台的内在价值可能真的是明显低于股价的。

但是问题在于，你对内在价值的判断虽然是正确的——要注意这也不一定，内在价值更多的是一个范围而非一个确定值，上文的数据只是为了方便展示——但是，市场是不讲道理的，高估的价格可以更高估，低估的价格可以更低估，高估不一定会马上回调，低估也不一定会马上上涨。

虽然市场像个“神经病”一样，它可以尽情地挥洒自我，表达任何它想表达的情绪，关键在于它是“长生不老”的，但是我们是有寿命的。在我们的投资生涯中，可能会遇到很多年的股市整体/个别公司高估，也可能会遇到股市整体/个别公司的明显低估，那么，在你我和好公司最好的年华，你就非要去赚那个“高抛低吸”的差价不可吗？放弃小聪明，在绝大多数没有明显高估的岁月，老老实实地陪伴好公司成长，可能才是普通投资者最理性的选择。

卖出

如果真的要卖出一家公司的股票，巴菲特会如何做卖出的操作呢？下面这段摘录来自2019年股东大会上巴菲特回答提问时的说法：

我们一旦卖，一般是全卖光。我们不分批降低仓位，不是先降到90%，再降到80%，那不是我们的风格。一旦我们改变想法，我们不扭扭捏捏的。这一次我们卖出的价格，比我们买入的价格低很多。

这一段摘录中巴菲特卖出这些股票的关键前提是“一旦我们改变想法”。换句话说，巴菲特这里讲的卖出的前提是：经过分析和思考，认为某家公司应该卖出。在这段摘录最后，巴菲特说的“这一次”，指的就是卖出他买入的航空股。

所以，如果你发现自己买错了公司，不管是你自己看错了还是公司状况发生恶化，总之，如果你认为某家公司需要卖出，那就不要犹豫，全部卖出去。

我的做法

对我自己来说，这种情况下全部卖出的做法我是认同的，但还有另外两种卖出，我觉得有必要分享给诸位读者。

第一种卖出是：对于上一段摘录所说的真正的好公司，我也是会卖的，而不是选择永远持有这些公司的股票。

至于我卖的标准，就是这家公司的股价过于高估。具体来说，如果一家公司当前的股价高到透支了未来5年的收益，以至于哪怕按照5年后公司的收益率都抵不过当下的机会成本，我就会考虑逐步卖出。我在2021年初以大约310元的股价开始卖出泸州老窖，就是按照这样的原则进行的思考。读者可以在我的微信公众号后台输入“7年20倍”，就可以找到当时的交易文章。未来，我一定还会有基于这种标准的卖出。

说到我想分享的第二种卖出，首先我们要把持有的公司分成三类。我认为这种分类是适用于我们大多数人的持股的。

第一类是好公司，这是我们愿意长期持有的那种公司，数量不会太多；第二类是坏公司，这是应该马上卖出的那种公司，不管当初买入的理由是什么；第三类公司最微妙，我们暂且称它们为“一般的好公司”。

名字里有这个“好”字，是因为这些公司的质地也是不错的，但还达不到我的标准——也就是第一类的好公司。比如，截至本书完稿，我依然持有双汇发展、福耀玻璃、鲁泰B、万科A等公司。对于这种类型的公司，我不会不顾当下的市价马上抛售，因为这些公司不属于“基本面恶化”的公司，它们只是没有完全达到我的标准，而我当初买入时又没有如今对于好公司的高标准而已。

对于上述这类公司，我的选择是耐心持有，并等待市场正常反映它们的价值。这个思路，有点像格雷厄姆的方式，即等待公司的价格在均值回归规律的影响下逐步回升；但其实又有所不同，不同之处在于上述这些公司可不是什么“破烂烟蒂”，它们也不是“时间的敌人”，只是——形象地表述——“跟时间的关系没那么铁”而已。

要注意的是，对于上述这种公司的卖出，我不会贪心地等高估价格。这些公司的股价到了合理价格我就会全部卖出。将来我卖出这些公司的时候，我会再撰文讲解这个话题。

再提调仓

关于卖出这部分内容，还有一个老生常谈的话题就是调仓。我们先来看看巴菲特在1998年股东大会上回答提问时的说法：

有时候，如果我们需要资金买另一些企业，就会减持一些股票，但这并不意味着我们对这些公司有负面看法。事实上，我们认为它们是很棒的，不然当初就不会买它们。

如果你认为不同公司之间的估值有些不一致，你也可以卖出。我们去年这样做了一些调整，但这很可能是个错误。如果你遇到了一桩伟大的生意，真正要做的就是紧紧抓住不放开。

在这两段摘录的前半部分，巴菲特告诉我们：如果你认为不同公司之间的估值有差异，你也可以卖出一些公司，买入另一些公司。但是，巴菲特同时马上告诉我们，他做的一些调整“很可能是个错误”。在最后，他再次告诫我们，如果你真的遇到了伟大的生意，不要放开，紧紧抓住它。关于调仓换股，本章的买入部分已经讲过我的做法，这里就不重复了。

以上就是整个“选公司—估值—买入—持有—卖出”的流程。看完了这整个过程，接下来我们需要了解一部分重要的内容，是关于“犯错”这个话题的。

第五节　犯错

犯错是一个非常重要的话题，毕竟没有人会永远不犯错。我们先来看看巴菲特在2002年股东大会回答提问时说的一段话：

有一点很重要，无论你多么努力地建立避免错误的系统，即使你很努力地保持在你的能力范围内，你仍然会犯错。我想我可以自信地保证，这不会是我们最后一次犯错。

在这段摘录中，巴菲特说“这不会是我们最后一次犯错”，我已经不记得他当时犯了什么错。其实，他当时具体犯了什么错并不重要，很明显，他当初犯的那个错误并没有摧毁他。从巴菲特说这段话到现在，已经过去了20多年，伯克希尔依然是世界上最伟大的实业+投资公司，巴菲特依然是我们尊重有加的“股神”。

这就充分地说明了犯错不可避免，无论你多么努力，你都会犯错，重要的是犯错的性质以及后果。关于上述观点，巴菲特在2004年股东大会上回答提问时，拿他自己的一个错误做了现身说法：

尽管我们在德克斯特鞋业上面犯过看错公司的错误，但我们不会犯那种让我们损失很多钱的错误。

摘录中所说的德克斯特鞋业这笔投资是巴菲特的一个知名错误案例。在这笔投资上，巴菲特其实犯了两个错：第一个错误是他以为这家公司的经营潜力很大，但后来的实际情况是公司的经营每况愈下；第二个错误是巴菲特当年收购这家公司的时候，用的是伯克希尔的股票，而不是他通常会用的现金收购，遗憾的是，伯克希尔的股票后来不知道涨了多少倍，而这家公司的价值却极大地贬值了。

几乎错过

巴菲特在这段摘录之后说他“犯的错误更多是错过”，而他最经典的“几乎错过”的案例，巴菲特则在2003年股东大会上回答提问时再次提起：

坦率地说，我们犯错误的地方是我们开始购买，然后价格上涨了一点，我们就退出不再购买。我们在喜诗糖果上差点就这么做了。

1972年，巴菲特全资收购了喜诗糖果，当时的收购净价大约是2500万美元。做这笔收购的当时，巴菲特和芒格差点因为500万美元谈不拢（对方要价3000万美元）而放弃这笔交易。

如今大半个世纪过去了，在这过去的几十年，喜诗糖果的收入、利润稳步提升，它源源不断的现金产出为伯克希尔和巴菲特提供了大量的投资资金，也间接产出了至少几十亿甚至上百亿美元的财富，而这一切可能不会发生——仅仅因为当年那点儿差价。喜诗糖果这个差点错过的案例，也就被巴菲特和芒格用来给听众们讲了一遍又一遍。

关于犯错这个话题，我们回过头来总结一下：投资者可能犯什么样的错误？又该怎样防范或者应对呢？

五种常见错误

理念不正

我认为投资者最容易犯的第一种错误是：理念不正。对于投资到底是什么，绝大多数人的理解是不对的。就凭这一错误，他们就不可能持续获得让人满意的投资回报。应对或防范这种错误的关键倒不涉及多么高深的学识，毕竟“买股票就是买公司”这一投资理念并不复杂。要应对这一错误的关键是思维的转变，即从纯粹的投机和半信半疑的“投资”到真正的投资理念的转变，这种转变则往往是“转念只在一瞬间”。只有过了这一道坎，也就是将自己对投资的认识完全摆正，一个投资者才有做好投资的可能。

遗憾的是，似乎跨过这一道坎对很多人来说难如登天，而对一些人反而易如反掌。有些人就是很容易就能接受“买股票就是买公司”的理念，而有些人则终其一生都纠缠于主力、筹码、K线、趋势等，或者在投资理念中掺杂上述各类不相关的因素，企图“给老虎装上翅膀”。

更有意思的是，根据我的观察，学历越高、越自信的人，反而在接受正统投资理念这一点上没什么优势。我觉得可能的原因是这一类人的想法更多，更容易觉得自己能抓住一些趋势、消息等。

看错公司

投资者最容易犯的第二种错误是选错了公司——自己原来以为是伟大公司的标的，后来可能发现只是个优秀公司、普通公司甚至是烂公司。这种错误不仅很常见，而且是不可避免的，不光我们会犯这种错，连巴菲特和芒格这样的投资大师也会犯这种错，而且次数可能还不少。

在防范和应对这个错误方面的好消息是：只要处理得当，这种错误可以不致命。举例来说，前文曾经讲过的制订交易计划、通过买入价格的摊低来用低价格保护自己免受永久性本金损失的影响，就是一种很实用的应对方式。

遇到这种错误也是一种珍贵的经验——亏得肉疼的失败投资经历更能让你有所触动和改变。

那么具体来说，我们要如何防范和应对这种错误呢？我认为，“不懂不做”是基础。在此基础上，努力提升自己的商业理解力也会有很大帮助，而这需要持续地阅读和思考才能实现。毕竟在“阅司无数”之后，你的成功率会大大提升；或者说，犯大错的概率会大大降低。

价格买贵

投资者经常犯的第三种错误是价格买贵。这一点，也是我们大多数人会犯的；而讽刺的是，这种错误也是我们最容易避免的。怎么避免这种错误呢？很简单，不要买贵就是唯一的答案。

我们在找到一家好公司的时候，往往是很兴奋的，恨不得马上买入，而且特别害怕“要是现在不买，将来再也没有这个价格了怎么办”。但你冷静下来仔细想想，公司质地很好可能是事实，这个价格不买的话很长一段时间买不到可能也会成为事实，但以上这些和我们这里讲的“不要买贵”有多大关系？这完全是不一样的事情。

我们一定要提醒自己的是：交易的价格——也包括买入的价格，是唯一由我们自己决定的因素。这么珍贵的筹码，如果你轻易地交出去，还能凭什么来提升自己投资的成功率呢？

为了充分引起读者们的重视，我在此再强调一遍：价格，是投资中唯一完全由我们决定的因素，下次想冲动地买入一家公司的股票前，务必反复默念这一点。

至于应对这一常见错误的策略，一方面是需要继续提升商业理解力，毕竟如果公司选错了，即使买得便宜也助益不多；另一方面，我们需要给自己设定严格的买入价格限制，并且设置交易计划，这样就能在很大程度上规避这种错误。

没买够

投资者经常犯的第四种错误和上述第三种常见错误是相对的，就是遇到了好公司、股票的价格也合适，但我们刚买了一点，股价就开始上涨，于是本着不追高的想法就没有继续买入了，之后看着股价一骑绝尘，后悔不已。

表面上这种错误不可避免——毕竟股价的涨跌不是我们能控制的，但仔细想想，这种错误其实是很容易杜绝的。应对这种错误我的做法就是：设定好交易计划，然后到了价格目标时，严格执行。

严格执行意味着什么呢？举个例子：假如某公司我设定的买入价是10元，我计划买1000股，当前股价为9元。我刚刚在9元买了500股，股价就涨到了9.5元，这时候按照规则，我就要以9.5元的价格继续买入500股，而不是不甘心以更高价格买入从而停止买入。有些人可能会问：如果股价涨到了11元怎么办？那就是对公司的评估和交易计划范畴的事情了，不在这种错误范围内。

卖飞了

投资者经常犯的第五种错误是把好公司“卖飞了”。这也是投资者特别常见的错误，毕竟股票市场弥漫着太多的极端情绪，有些情绪会诱惑你卖出，比如股价已经超过了历史最高点；有些情绪则恐吓你卖出，比如股价到达历史最高点后开始暴跌。总之，如果你不能控制自己的情绪，那么你能找到各种各样的理由卖出。

要应对这第五种常见错误，除了注重自己商业理解力的提升，进而让自己心里对公司的质地和内在价值更有底之外，投资者是否拥有适合做投资的心性也是很重要的。关于这一部分，巴菲特在历年股东大会上回答提问时讲过很多内容，我把这些内容归结为“做好投资的品性”。

第四章

天生投资者的特质

如果说本书前面这些所有的内容，都是做好投资的“外在表现”；那么这一部分内容，就是做好投资的“心法”了。在2002年股东大会上回答提问时，巴菲特说了以下这么一段话，我们以这一段来开头：

> 投资最重要的不是高智商，而是现实主义和自律。如果你现实而自律，你不需要特别聪明，就能做好投资。

摘录中巴菲特提到的这一点——现实和自律而不是聪明有助于做好投资——很多人是听说过的，很多人嘴上也是相信的；但是大多数人没有意识到的是：有可能你心里是不相信的。

为什么这么说呢？当一个投资者不愿意踏踏实实地研究公司，不愿意去找“软柿子”捏，而是去追消息买卖股票的时候，其行为在诚实地传递一个信息：其不相信“现实和自律才能做好投资”。

我们总是想要所有的好事情发生在自己身上。我们想要投资不需要高智商，我们也想要投资不需要自律，可我们也需要想一想：这样的好事，为什么会发生在你我身上？我们难道真的是“天选之子”，注定要赚钱？上面这些道理本来是常识，可惜相信常识需要平常心，而平常人很难有平常心，所以我们反而很难发自内心地相信和践行了。

第一节　珍贵的品质

独立决策

想要做好投资，除了要“现实和自律”——这里的现实其实是理性的意思，还需要拥有独立决策的意愿。巴菲特在2008年股东大会上回答提问时讲了这一点：

我为格雷厄姆工作了几年，我从他那里学到了很多，但最终，我想要自己做决定，任何善于理财的人都会有这种感觉。

巴菲特这段摘录中这种“想要自己做决定”的说法，表面看很简单，毕竟我们每个人买卖股票的时候那可都是很冲动的。然而，这里说的“自己做决定”，并不是说要冲动地做决定，而是说要有顶着压力、独立做出高质量决策的意愿。对于投资这件事情，绝大多数人是不愿意顶压力的，或者说，绝大多数人是害怕承担投资决策带来的后果的。

所以，如果你在做投资的时候一遇到市场的波折就到处问别人要建议，比如某某公司能不能买？这个价格我是不是该卖？我这个情况可以全职做投资吗？那么，你可以斩钉截铁地告诉自己：你没有独立决策的能力，你不应该做投资。

不犯致命错误

如果你有了上面的这些品质——现实、自律、想要做出独立判断，接下来，要想在投资领域长久地待下去，有一个品质是非常重要的，就是不犯致命错误。关于这一点，巴菲特在2007年股东大会上回答提问时，用自己的亲身经历这样告诉我们：

> 我们最好的想法并不比别人最好的想法更好，但我们从来没有过很多让我们倒退的东西。我们可能会前进了两步，后退一小步。避免灾难是一件非常重要的事情，你总有机会卷入灾难中。

这段话其实是巴菲特和伯克希尔之所以能成功非常重要的一点，但绝大多数人没有意识到这一点的重要性。

要知道在投资生涯中，神来之笔可遇不可求，长远来看，赚钱主要靠复利，而复利的关键之一就是市值不能有大幅的倒退。至于道理则很简单：下跌50%的账户，需要上涨100%才能回到原来的位置。下跌天然比上涨威力大，这是一则简单的数学规律。我们更要清楚的是市值的下降还不是最可怕的，最可怕的是本金的永久性损失，也就是巴菲特说的“让我们倒退的东西”。至于哪些事情是要坚决避免的，巴菲特在2016年的股东大会上回答提问时举了一个例子：

投资不需要高智商，但是要做好投资，你必须能够控制住自己的情绪。很多聪明人都做傻事，有些人很有钱了，还上杠杆，最后全亏光了。他们为了追求对自己无足轻重的东西，甘愿拿对自己非同小可的东西冒险。

你可能会疑问于为什么会有这么蠢的人，但如果我们仔细观察投资中人的行为，会发现上杠杆的人不仅不是蠢人，而且大部分可能是聪明人，原因在于一般情况下对自己的智力没自信的人，是不太可能去冒险的。

通常我们会看到的情况是：聪明人由于聪明，往往就会很有钱，接着就是有钱的聪明人加了杠杆，而这么来几次以后，最后往往剩下一个“没钱的聪明人”。我们都知道：一个天文数字乘以0（杠杆爆仓）结果还是0，这是个常识；但平常人难有平常心，总是会忽略常识啊！

看不见的风险

巴菲特身体力行，把“不做傻事”看作非常重要的标准，在选择自己的继承人时，他曾经说过这个标准：

我们需要的是一个从不做傻事的人——基本上不做傻事，偶尔做一些相当不错的事，这是可以做到的。

如这段摘录所言，“基本上不做傻事，偶尔做一些相当不错的事”，这也应该是我们给自己的投资标准。能达到这个标准的话，我觉得，我们都能把投资做得相当不错。上面这一段摘录，来自2007年股东大会上巴菲特回答提问时的说法，而在同一年，巴菲特从另一个角度强调了对候选人品性上的期待：

我在寻找接替我的投资经理时非常希望找到这样一个人——他不仅了解已经发生的所有风险，同时能预见还没有经历过的事情。有很多人很聪明，但他们只是不去思考他们之前没有见过的麻烦。

请读者们注意领会，这一段摘录看似普通，其实中间有一个非常微妙的部分，就是思考之前没有见过的麻烦。

我举个例子，2015年的暴跌发生前，很多人没考虑过：假如当前市面上火爆的配资没有了，股市会发生什么？我的账户会发生什么？再比如，2021—2022年，沪深300在下跌一年后，继续大幅加速下跌一年，这会给我的账户带来什么影响？

比上面一段说的这些“影响”更重要的是：如果遇到极端情况——上面这一段是已经出现的，而未来一定还会有其他的极端情况出现——你的体系能良好应对吗？

没有人能猜到明天会发生什么事情，也没人能知道市场会对这些事情做出何种反应，但你的体系是否能适应罕见的事件——最低限度是从极端事件中生存下来，这是能否做好投资的一大关键。而且，这种极端事件平时感受不到，一旦出现，就能看出投资人的功力差异。遗憾的是，这种时候可能已经晚了，而这就是巴菲特强调的“思考之前没有见过的麻烦”。

独立人格

说完了“规避麻烦”这个话题，我想分享一件非常有感触的事情。在2009年的股东大会上，一位股东和芒格之间的对话让我颇为震撼。

股东：你（巴菲特）和查理所做的、所宣扬的许多事情，和人们所习惯的是相反的。例如，你不改变被收购公司的管理层，你不鼓励退休，你没有给董事们大量报酬，也没有给他们股票期权，你似乎没有雇用很多MBA，你没有投资高科技，你没有提供收益指引，你不住在纽约附近。我想知道，所有这些事情的根本原因是什么？这里似乎有一个我所缺失的核心哲学？

芒格：这是实用主义，我们用自己的方式做事，是因为它适合我们，部分原因是这样做符合我们的品性，部分原因是我们通过经验发现，这种方式的效果更好。我们就是在不断重复那些我们认为有效的动作。

我想提醒各位读者：这一段对我的震撼很大，所以我强烈建议读者们用心再看一遍。

在此要补充一点背景信息：在伯克希尔的股东大会中，问答环节可能80%以上是由巴菲特回答的。至于芒格，他除了偶尔说一句“我没什么补充的”之外，很少对提问做出系统的回答。从本书前面的摘录中，读者们应该也发现很少有芒格的“镜头”。芒格是如此“惜字如金”，以至于巴菲特曾调皮地戏称，“就算我在身边放个查理头像的硬纸板，也没人能发现这是个假的”。

摘录中这位股东的提问，是一段很好的总结。以前我只是觉得巴菲特和芒格与众不同，但没有这么全地总结过，也没有有意识地想过以下问题：“这里似乎有一个我所缺失的核心哲学？”

我第一次看到摘录中这个问题的时候，我的感受就像是大脑被电击了一下。那一刻我才意识到，有些东西可能真的被我忽略了。

我以前只是观察到了摘录中这位股东说的那些现象，即巴菲特不辞退管理层、鼓励管理层一直干下去、不提供盈利预期、不住在华尔街附近。而这些现象背后的那个东西，那个最核心的东西，它到底是什么呢?

摘录中芒格对这位股东的回复看起来平平无奇，但在我看来，这一段简直就是对“独立人格”的定义。他们思考和做事的时候，并不向世俗做法低头，他们有大量的思考、有自己独立的判断。如果他们认为自己的方式是正确的，那就没有什么能阻止他们这样做。换句话说，他们就是在重复做他们认为正确也行之有效的动作。

第二节　榜样的做法

重复做对的事情

这个事情说起来容易，但真要做起来何其困难！你要有自己独立的判断，还要有“对抗整个世界”的魄力！有几人能做到呢？所以说巴菲特和芒格这两位在“坚持真理”方面，真的是不急不躁，让人觉得心情舒畅、水到渠成，也让人不得不心生敬意啊！我们来看看在2008年的股东大会上回答问题时——当时整个世界都在因为金融危机而焦躁不安——他们是怎么说自己的公司的:

> 伯克希尔曾经是一家小企业，查理和我从来没有尝试过做一些大师级的动作——把它变成四倍大的东西。但在商业世界，人们有时会这样做。我们觉得，如果我们一直做我们理解的事情，坚持做下去，并在做的过程中获得乐趣，那么在某些时候，它会变得很大。这没什么神奇的成分，这需要时间。

摘录中巴菲特告诉我们：伯克希尔能做到这么大，一条底线是“查理和我从来没有尝试过做一些大师级的动作——把它变成四倍大的东西”。那么巴菲特和芒格做的是什么事情呢？他们投自己能看懂的公司，坚持这样做，而且享受这个过程。在时间的滋养下，伯克希尔长成了世界级的伟大企业，这就是坚守底线和坚持做正确的事的力量。

关于“重复做对的事情”，巴菲特在历年股东大会上讲过很多。我们先来看2016年股东大会上巴菲特回答提问时的这段话：

> 我们喜欢深入研究公司，不管最后买不买，我就是觉得研究各种类型的公司都有意思。我们研究微观经济（公司），接受宏观经济。

我一直认为能做好投资的人，一定是一个对商业世界感到好奇的人。

为什么有些公司就是很赚钱？为什么有些公司能基业长青？为什么有些公司就是能给股东带来好的回报？对于这些问题，我相信不少人的反应会是：关我什么事儿？持有这种态度的人，其实自己是做不好投资的。但恐怕也恰恰是这群人，转头就会问另一个问题：最近有什么股票推荐吗？

对生意的热爱

在对商业世界感到好奇进而学习投资这方面，我们不妨看看巴菲特是怎么做的。他在2019年股东大会上回答提问时说过这个话题：

我当年开始做投资的时候，只是抱着公司手册一页一页地翻，至少每家公司都扫上几眼，从中寻找值得进一步研究的公司。当年，我只是埋头大量阅读，看大量的公司，做大量的研究，我努力地寻找，我要找的是那种我确实具备独到而重要的知识和理解的公司，我也要通过研究得出结论，哪些公司是我自己看不懂的。一方面，我尽可能地扩大自己的能力圈；另一方面，我也尽可能客观地认清自己能力圈的边界。

你看，如果连"股神"在学习投资的时候都只能用上述这种看起来很笨、很慢的办法，你我凭什么就能轻易地找到致富代码呢？

巴菲特之所以选择像上述摘录中所说的这样做，是因为他发自真心地对“生意”充满了兴趣。关于这一点，他在1998年股东大会上回答提问时这样说：

没有什么比观察企业如何运作更能帮助你对企业的未来做出判断。当你明白什么东西是非常有竞争力的，什么东西并不那么有竞争力，以及为什么会这样，这些都会增加你的知识。

我会读很多书。如果你对投资感兴趣，可以先选择会计。我会大量阅读投资书籍，我会和商界人士讨论业务，找出他们认为的是什么让他们的业务运作得很好，或者他们哪里存在问题以及原因，你需要尽可能地从各方面去学习。如果它让你兴奋，你会做得很好。如果你懂商业，你就懂投资。投资只是资本配置方面的业务决策。

这两段摘录表达的意思，有一些在前文已经充分讲过，不再重复。这两段摘录中最关键的部分其实是最后一段，这里面有两个重点。第一个关键是“如果它让你兴奋”，即你对生意本身有没有很大的兴趣，这其实是做好投资的必要条件。第二个关键是，如果你懂商业，你就懂投资。不妨想想，仔细观察的话我们可能会对一个问题产生好奇，这个问题就是：为什么很多企业的管理层，也做不好投资？

为什么很多企业高管做不好投资

企业的管理层——甚至是高管——做不好投资，看起来和常识相悖，因为企业的管理层是最了解企业的。之所以这个群体会做不好投资，是因为企业的商业行为其实包含了两部分。第一部分是“如何赚钱”。这个部分是绝大多数企业管理层所关注的，毕竟他们能升到当前管理层的位置，十有八九是因为他们帮企业赚了钱；至少对业务管理层而言大多是这样的。

企业的商业行为包含的第二部分是“赚来的钱怎么用”，也就是资本配置。恰恰是这个部分，绝大多数企业管理者都没有系统的经验。具体来说，管理者在资本配置方面的意识普遍都是欠缺的。大多数管理者在资本配置这部分的经验，仅仅停留在“做预算”这件事情上。换句话说，在经营方面如何花钱，企业管理层是在行的（当然，如果你在企业里做过预算，你可能也会质疑这个说法，因为整个过程给人的感觉可能就是讨价还价）。

但是，如果你把“花钱”这个事情放到更高层面，也就是真正地从企业长远利益最大化——也意味着股东长远利益最大化——的角度去思考如何做“资本配置”，不要说大多数管理者做不好，很多人可能根本不知道你在说什么。因为他们在从一名普通员工逐步成长为企业核心高管的过程中，几乎不会有人教过他们资本配置相比于经营活动的同等重要性，以及资本配置的理念和实操方式。

如果读者们对于好的管理层如何做资本配置感兴趣，我以前在巴菲特致股东信解读的系列文章中做过很多阐述，你们可以在我的微信公众号后台回复“巴菲特”，来获取那些文章。

日子还很长，不要急

我们接着来谈巴菲特和芒格“对生意的兴趣”。两位老人不仅对那些新的公司感兴趣，而且喜欢研究企业的过去。早在1995年的股东大会上，巴菲特在回答问题时就有如下表示：

查理和我都喜欢研究历史。我想买可口可乐，我就会去找20世纪30年代《财富》杂志对可口可乐的报道。我喜欢有大量的历史资料，这些资料可以让我知道，企业在长期而言是怎么演化的，什么东西没变，什么东西变了。我们试图买进永久持有的企业。如果你是这种思路，你也需要回顾历史资料，看看永久持有会是什么样子。

看完这段摘录，我们不妨想想：有几个人对一家公司感兴趣的时候，会把这家公司60年前的资料找出来看？顺便提醒一下各位：不是每一家公司都能活60年的。

说到这部分内容，时不时有读者问我一个问题：中国改革开放这么多年，经济也高速增长了这么多年，好的公司、好的投资机会，是不是以后都会很少了？

要回答这个问题，你不妨看看可口可乐这家公司。从巴菲特1988年前后投资它，再顺着历史往回看，这家公司至少已经伟大了50年，但这并不妨碍巴菲特找到机会投资它。

心理学已经充分证明，在相当一部分情况下，人类的思维其实是很简单、很线性的，这种简单和线性甚至超出了我们的认知，因为我们通常认为自己的判断是全面考量、很靠谱的。

而我之所以对于上市时间不长的企业充满警惕，原因之一就是：一个生意，哪怕被吹得天花乱坠，在没有经历岁月的验证之前难言伟大。但这还不够，哪怕一个生意被过去的岁月证明了，也不等于它拿到了未来继续伟大的通行证。作为投资者，我倾向于把自己有限的判断力集中在最后这个阶段——在未来有机会继续伟大的阶段。这意味着，在企业从无到有、逐渐变大，甚至上市后的7~8年内，我都会选择旁观，而不是积极投入。

研究企业是很有意思的，那些名气起来了又下去了的企业，背后充满了等待我们去发掘的智慧，比如东阿阿胶这样的曾经的明星公司，读者们有兴趣的话不妨去研究一下。

什么都不做

对生意的持续兴趣，不仅会帮助我们更好地完成选择公司这样的前端工作，还会在你买入一家公司后持续发挥作用。如果你以为找到了一家好企业，并且以合适的价格买入，接下来你就可以啥都不干了，那我个人觉得你离热爱投资进而做好投资还有点差距。对此，我们一起来看看巴菲特在2007年股东大会上回答提问时说的这段话：

我们买入美国运通、富国银行、可口可乐的时候，很清楚它们会遇到自己的问题，不可能一帆风顺，不可能没有竞争。我之所以投资这些公司，是因为我认为它们有很强的竞争优势，我们看好它们的行业地位。

刚才有人问，我们花多长时间评估重仓投资的公司。我每天都花时间思考，我想查理也是。我们在投资中贯穿始终的一条线就是持续学习。

我们在买入一家企业以后，要告诉自己的第一个事情是：这只是一笔成功投资的开始，而远远不是结束。“王子和公主从此幸福地生活下去”的结尾，在现实生活中很少存在，在投资世界也是一样的。

接下来——或早或晚——你所持有的公司一定会遇到问题。它们会遇到或大或小、或偶然或必然的问题，其中有些问题会让你感到非常棘手。这些问题中的一部分可能会造成股价大幅下跌。对投资者来说，这种时候重要的不是关注股价，而是盯好公司的经营。

就我个人而言，我会在所持有/关注公司的半年报和年报出来后，对公司的经营情况进行分析，尤其会关注公司的竞争优势变化，这就是我过去大多数公司分析文章的来源。另外，在持有的过程中，我对投资书籍的阅读、对其他公司的分析，都会时不时给我一些灵感，让我从不同的视角思考自己持有企业的情况。

上述过程，听起来可能会让人觉得枯燥和辛苦，但我想以自己的亲身经验告诉诸位读者：如果你对生意本身真的感兴趣，这将是一个妙趣横生，时不时让你有茅塞顿开、豁然开朗感觉的过程。

好读书不求甚解

我喜欢在跑步的过程中思考投资，那时候神经比较活跃，一些平时想不明白的事情，可能在这个过程中就逐渐清晰了。至于巴菲特，他跟我则有一个共同的爱好。他在2008年股东大会回答提问时讲了这个爱好：

我认为，不同的人有不同的学习方式，比如我，我是天生从读书中学习的。在阅读中，我可以以有效的速度学习我想要的东西。如果你不断地挑选足够的书，你会学到很多，也许这是一种低效的方式。如果你读了20本感兴趣的书，你会学到很多东西；不过，你不会知道你是在哪一本书上学到了东西。

上述巴菲特这一段，我是特别能理解的。之前有读者问我：为什么你读书的速度那么快？（我在放开读书的时候，一个月大概可以读5~6本300~500页的书）

我觉得，读书是一件累积效应很强的事情。如果你是第一次看一种类型的书，每一个观点你都需要消化吸收，速度自然比较慢。但是，看的书多了以后，你会不自觉地加快速度，因为很多内容你已经很熟悉了。

要注意的是，如上述摘录，哪怕在这种读书速度越来越快的情况下，一本一本地看书，可能看上去还是一种低效的方式。因为你也许经常发现，自己用了一两天甚至一两周读完了一本书，其实并没有多少了不得的收获，你也不知道读完的这些内容会在什么时候派上用场，而这是常有的事情。

但是我们要意识到，在持续读书的这个过程中，有一些潜移默化的东西发生了改变。你不会知道这些融入你脑海的内容，哪天会跟其他内容发生化学反应，进而真正地学到东西和产生价值。

所以，如果你喜欢阅读，就尽量阅读吧，不需要有功利的心态和想法。仅仅是去阅读，相信假以时日，你会有意想不到的收获。

芒格眼中巴菲特成功的原因

在本书这一部分的最后，我们一起来看看在芒格的眼中，巴菲特能做好投资的原因吧：

我观察沃伦很多很多年了，他大部分时间在那坐着阅读、思考，偶尔打电话或者当面和别人沟通。伯克希尔的成功还有个秘诀：当不需要做任何事情的时候，沃伦特别擅长什么都不做。

芒格和巴菲特相识大半个世纪，没有红过脸，这种朋友和伙伴关系本身就值得我们学习。根据芒格对巴菲特多年的观察，这样一个大部分时间在那坐着阅读和思考的人，你觉得他会做不好投资吗?

还有，可能正是读书这个事情让巴菲特更加理性了，让他能做到绝大多数人做不到的事情，那就是：当不需要做任何事情的时候，什么都别做！根据我的经验，“什么都不做”这样一件看起来最简单的事情，当面临股价跌宕起伏的时候，绝大多数人是做不到的。

第五章

投资者理想的大结局

第一节　为谁工作

前文我们谈了很多关于投资的内容，而这一套伯克希尔股东大会实录，除了前面这些与投资相关的内容，巴菲特也给出了他关于工作、生活和家人的看法。我们先来看看工作的部分。对于巴菲特来说，最好的工作状态或者说生活状态是什么样的？他在2016年股东大会上回答提问时告诉了我们：

我85岁了，我能坐在这儿，吃自己喜欢吃的东西，做自己喜欢做的事情，和喜欢的人在一起，还能奢求什么呢？我在年轻时就下定决心了，要为自己工作。

正是摘录中这种“年轻时就下定决心，要为自己工作”的想法和做法，让巴菲特一路走到如今的地位。只是对于我们普通人来说，想要通过“为自己工作”而不是为他人打工来养活自己和家人，实在是一件不容易的事情。对此，巴菲特也是理解的，他在2008年股东大会上回答提问时有这么一段话：

如果你需要现在的工作，你无法做出改变，你的孩子必须吃饭，等等，你就得面对这样的现实。但当你处于可以做出选择的位置时，我总是告诉来拜访我的学生们，去为你钦佩的组织或你钦佩的个人工作。

根据我做投资这些年的观察，有太多的人想要寻求“全职投资”的工作了，不管是进入投资机构、开私募，或是管自己的钱；尤其在牛市遍地是“股神”的时候，想要辞职去做全职投资的人就更多了。可惜这么多年过去，我似乎没有见到几个“全职投资”成功的案例。

我想巴菲特在他的一生中，也曾经无数次遇到年轻人一腔热血地向他求教：“我真的是热爱投资！我要怎么样才能把投资作为职业呢？”而巴菲特知道，对于绝大多数人来说，是没有这样的机会的，因为“你的孩子必须吃饭”。尽管如此，巴菲特也温暖地告诉我们，如果有一天，你有得选了，记住：

去为你钦佩的组织或你钦佩的个人工作。

与读者们共勉，早晚有一天，你们都会有这样的选择权。

第二节　赚钱和消费

除了对工作有点评，巴菲特还讲了对节俭和消费的看法：

当你的家人还年轻的时候，各种形式的消费可以给他们带来满足感，那就提供给他们各种形式的享受、教育或者其他，所以我不主张极端节俭。

上面这一段摘录来自2008年股东大会上巴菲特对提问的回答。这一段可能会让我们觉得诧异——巴菲特不是很强调节俭吗？

巴菲特是很节俭没错，但节俭和极端节俭还是有差异的，关键在于“花费是否让自己感到幸福”。在“花钱买幸福”方面，巴菲特在2019年的股东大会上回答提问时，有更具体的一段说法：

我并不认为对所有家庭来说，在任何情况下储蓄都是生活中最好的选择。教育孩子的时候，你跟他们说，我们不去看电影、不去迪士尼，我们要节省，把钱攒下来，现在只能玩两天，30年之后，能玩一个星期。

一个人身上有10万美元的时候，他不觉得幸福，等他有了1个亿，他还是不会觉得幸福。一定数量的钱确实可以提升自己和家人的幸福感，但巨额金钱本身并不能让人感受幸福。不为金钱所累，才能让富人幸福，（钱）超过了一定的限度，并不是钱越多就越幸福，所以，别过分热衷于延迟满足。

我们这些做价值投资的人，有些人是会走到一个极端的，也就是摘录中所说，总想着把这点儿钱省下来，在心里算按照多少的收益率在多少年后，这些钱会变成多少倍。

这个说法本身没错，却反映着一个冷冰冰的事实：并不能改变当下没有“花钱买幸福”的状态。而我们赚钱的目的就是让自己和家人过上更好的生活。可惜我们人类天生容易走极端，进而本末倒置，在赚钱和花钱这件事上也不例外。人类的“守财奴”就是这样来的。

都说能否接受“延迟满足”是一个人能否做好投资的关键之一；而我认为能否适时适度地“及时行乐”，恐怕就是一个人能否幸福生活的关键之一了。

第三节　和爱的人在一起

最后，我们再来看一段巴菲特在1996年的股东大会上回答提问的话：

我很少接受采访或参加新闻节目。我经常被邀请，但我基本不去。坦率地说，我更愿意和股东们在一起。今天我很高兴看到大家都来到这里。

巴菲特最让我羡慕的不是他的投资业绩，而是他找到了和这个世界相处的方式。他专注于提升自己的艺术品——伯克希尔的经营业绩，不在意他人和这个世界的看法。所以，巴菲特不需要和这个世界有功利层面的沟通，比如接受采访或上节目。

巴菲特更喜欢的状态是和自己所接受、所喜欢的人在一起，而伯克希尔的股东群体经过多年思想理念的洗礼，已经是和他心意相通的一群人。和这样的一群人在一起，巴菲特的人生又怎么会不幸福呢?

这种状态也是我毕生想追求的状态，即达到完全的自由，不仅是财务自由，还包括心灵自由。能和喜欢的人在一起，被喜欢的人包围，这种感觉真的很棒！这也是我在本书以及其他渠道持续分享的原始动力。

后 记

到了这里，伯克希尔股东大会实录的阅读感受就写完了。

就像我在本书的自序中告诉诸位读者的：这是一部99%的人都忽略了的“投资秘籍”。

这几百万字“秘籍”的精华，我已经在这一系列文章中完全分享给了大家，至于大家能有多少收获，也要看个人的造化和用心程度了。

如果你想要靠这一本书摇身一变成为一名优秀的投资者，那你我都知道这是一件不现实的事情。但好消息是，我相信这本书可以是你成为一名优秀投资者的开始，而且是一个站在两位有史以来最优秀投资人肩膀上的开始。

对于我而言，我会时不时温习这本书，让每一个关于投资细节问题的看法融入我的思维习惯，并在投资和提升自我的这条路上一往无前。

还有一个彩蛋：

我把与伯克希尔股东大会相关的内容都放到了一个表格里，感兴趣的读者朋友可以根据需要进行筛选。如果你需要这个表格，可以关注我的微信公众号：villike的财务自由笔记，在后台输入“整理版”，就会推送给你下载链接。

最后，这是我人生中出版的第一本书，对我来说有着非凡的意义。我想有了这个经历以后，这本书不会是我的最后一本书。日后我会继续把公司分析、投资理念、投资实战等内容整理成书，不让这些珍贵的材料沉没。它们值得被这个世界和喜欢投资的你们看见。

说到这里，我特别想感谢一个群体，就是过去这几年一直陪伴我的读者们。他们大部分分布在我的微信公众号，雪球社区也有一部分。我2017年创办“villike的财务自由笔记”这个公众号，2020年因为一些机缘被外界看到，进而开始更多地把我的投资方法、阅读感受分享出来，并从2021年开始披露我的每一笔交易记录。

在这个过程中，是大家的每一次阅读、留言、鼓励、赞赏，让我在现实世界之外多了一个温暖的空间，让我感受到了志同道合的幸福，也更加坚定了我的初心——通过独立分析赚取财富、追求财务自由。我也希望能够帮助其他人在这条路上走得更快、更好。

你们多次留言督促我把发表的文章结集成书，一向“懒散”的我终于被说动了，所以就有了写这本书的计划和想法。后续我还会把前面分享过的内容（投资理念、公司分析、投资实战等）写成书，这样也能减少大家四处找文章的麻烦。

我还要感谢本书的编辑老师和出版社的诸位老师们，尤其是编辑老师孜孜不倦的辅导和帮助。没有你们的鼓励和鞭策，就不会有这本书。

在写这本书的过程中，我始终被父母、妻子、儿子及其他家人的爱包围着，这让我可以尽可能地集中精力于写作。我对家人的感激和爱无法一一表达，谨以这本小册子送给我爱的和爱我的人们。

祝大家阅读、投资、生活开心！我们下一篇见。